Gabriele Fernau
Geschichten von Herr und Hund

S.

SERIE PIPER

Zu diesem Buch

Joachim Fernau und seine Frau Gabriele kehren Deutschland den Rücken und ziehen nach Italien, in die Nähe von Florenz. Dort, im ländlichen Idyll, läßt es sich gut leben und zugleich gut schreiben. Und man kann nach Herzenslust Hunde haben, was Frauchen sehr entgegenkommt, da sie sich gern jeder noch so hilflosen Hundeseele erbarmt ... In ihrem Buch, das eine fröhliche Liebeserklärung an all die Hunde ist, die das Paar ein Leben lang begleitet haben, öffnet die Autorin zum ersten Mal einen Spalt breit die Tür und gewährt dem Leser einen Blick auf den privaten Joachim Fernau, was zu dessen Lebzeiten nur wenigen vergönnt war. Ein zauberhaftes Buch für Hundefreunde und eine aufschlußreiche Lektüre für die Leser von Joachim Fernaus Millionenbestellern.

*Gabriele Fernau*, geboren 1922 und Enkelin des Münchner Pädagogen Georg Kerschensteiner, war mit dem Schriftsteller Joachim Fernau (1909–1988) verheiratet. Sie lebt in München und Florenz.

Gabriele Fernau

# Geschichten von Herr und Hund

## Meine vierbeinigen Memoiren

Piper München Zürich

Ungekürzte Taschenbuchausgabe
Piper Verlag GmbH, München
Juni 2001

Umschlag: Büro Hamburg
Stefanie Oberbeck, Isabel Bünermann
Umschlagfoto: J. Gíustína / Wildlife
Satz: Schaber Satz- und Datentechnik, Wels
Druck und Bindung: Clausen & Bosse, Leck
Printed in Germany ISBN 3-492-23155-1

*»Was dich bei mir erwartet, ist nicht viel,*
*doch ist's, was ich vermag und gerne gebe.«*

HORAZ, 5. Brief

# 1.

Unser erster gemeinsamer Hund war ein Leih-Hund.

Wir hatten es gerade – mein Gott, das liegt nun schon ein halbes Jahrhundert zurück – nach vier Jahren bittersten Provisoriums zu unserer ersten Nachkriegswohnung gebracht, in einem Wohnblock der Witwen- und Waisenkasse in der Münchner Georgenstraße. Die Herren Direktoren hatten die Zuteilung höchst spannend gestaltet. Sie hatten uns zur Begutachtung in die Zentrale beordert, ließen sich Zuzugsgenehmigung und Wohnberechtigungsschein (so etwas gab es damals) vorlegen, fragten vorsichtig nach der Zahl der Kinder und waren, offenbar der Witwen und Waisen gedenkend, erfreut, daß wir keine hatten. Bei der Antwort auf die Frage nach dem Beruf des Mannes verhofften sie einen Augenblick. Man sah ihnen den Zweifel an, ob so etwas Windiges wie ein Schriftsteller wohl in der Lage sei, achtundsiebzig Mark und fünfzig monatliche Miete aufzubringen. Aber als mein Mann ihnen den »verlorenen Baukostenzuschuß«, den sie für ihr Vorkriegsgemäuer ganz unberechtigt forderten, hinblätterte,

als sei es eine Bagatelle und nicht unser allerletzter Groschen, zerstreuten sich ihre Bedenken, und sie gaben uns den Mietvertrag und zu guter Letzt sogar die Hand. Und derjenige, der so aussah, als habe er schon einmal in seinem Leben ein Buch gelesen, sagte: »Ich wünsche Ihnen viel Freude an Ihrem neuen Heim.« Er wußte nicht, daß er sie mir gerade verdorben hatte. Der Mietvertrag enthielt die Klausel: Das Halten von Hunden ist dem Mieter verboten.
Ach Gott!
Immer, schon als kleines Kind, hatte ich mir sehnlichst einen Hund gewünscht. Aber bei uns zu Hause gab es nur Katzen. Genauer gesagt: Es gab einen immerwährenden Kater. Immer hieß er Hansi, war schwarz mit einem weißen Stern auf der Brust, war groß und glänzend und wohlgenährt und so vornehm, daß er nur auf weißem Seidenpapier zu ruhen pflegte. Er war der Liebling meiner Stiefmutter, und sie liebte ihn so sehr, daß sie für uns drei Kinder kein bißchen Liebe mehr übrig hatte.
»Ich wollt', ich wär der Hansi«, sagte mein kleinster Bruder und meinte es bitter ernst. Wenn wir unser »Guten Abend, gute Nacht« sangen, dann sang er immer:

»Morgen früh, wenn Gott will,
werd ich als Hansi geweckt.«

»Schnurren müßte man können«, sagte mein anderer Bruder.
Und ich sagte: »Wenn ich groß bin, will ich einen Hund haben. Einen, der Katzen jagt.«
In unserer kindlichen Not hielten wir Hansi für den Schuldigen, der uns die Liebe unserer Stiefmutter stahl.
Wenn wir sahen, wie ihr Blick versonnen auf ihrem Liebling ruhte, der in versammelter Haltung, ganz ägyptische Porphyr-Katze, höchst edel auf seinem Seidenpapier thronte und mit seinen Augen aus grünem Turmalin in rätselhafte Fernen blickte, dann versuchten wir oft, uns sozusagen durch die Hintertür in ihr Herz zu schleichen, indem wir in vereinte Hansi-Bewunderung ausbrachen. »Hansilein, bist du lieb!«, »Hansilein, bist du schön!« heuchelten wir und streichelten und tätschelten ihn und schütteten sein Seidenpapier auf, als wäre es ein Daunenbett. Manchmal erzwangen wir mit diesem Theater ein kurzes Wohlwollen, aber öfter war alle Mühe vergeblich. Dann schämten wir uns vor uns selbst, und wehe, wenn uns dann Hansilein, das »Stinktier«, der »Schleicher«, der »Dickwanst« ohne Begleitschutz in die Quere kam. Meine Brüder schossen mit der Zwille auf ihn und zogen ihn am Schwanz, und ich kehrte ihn mit dem Besen durch die Küche. Und wenn er uns, nachdem er sein Kalbsleberchen verspeist hatte, satt und zufrieden zu-

schaute, wie wir unseren Milchreis-Pamps löffelten, dann streckten wir ihm alle drei die von der billigen Vierfruchtmarmelade knallrot gefärbten Zungen heraus.

Armer Hansi! Was für ein Mißverständnis! Auch wenn es dich nicht gegeben hätte, wären wir nicht geliebt worden. Aber das weiß man als Kind noch nicht. Und auch, daß man Liebe nicht erzwingen kann, ist etwas, was man erst später lernt.

*

In der sehr einsamen Kindheit meines Mannes aber hat es einen Hund gegeben und damit das Quantum Glück, das ein Kinderherz braucht.

»Erzähl mir von Racker«, bat ich ihn oft, als wir in der ersten Zeit nach dem Kriege in unserer armseligen Notbehausung saßen, noch betäubt von den Schrecken des Gestern und ganz ohne Morgen. »Erzähl mir von Racker«, das hieß: »Erzähl mir von deiner Kindheit, von der ich noch so wenig weiß«, und das hieß: »Laß mich nach rückwärts träumen, nach vorwärts wag ich es nicht.«

Racker war ein nicht mehr junger schwarzer Jagd-Dackel und gehörte Herrn Rothe, der eines Tages in die erste Etage der kleinen Warmbrunner Villa zog, in der auch mein Mann mit seiner Mutter wohnte. Herr Rothe war Geometer und ein Ekel. Er stellte sich nicht vor, er grüßte nicht, er antwortete auch auf den Gruß des Jungen nicht, und mit seinem Hund schien er sich nur durch Pfiffe zu verständigen.

Aber eines Tages, o Wunder, nahm er seinen Hut ab, hielt die Haustür auf und sagte zur Mutter meines Mannes: »Bitte sehr, bitte nach Ihnen, gnädige Frau!«

»Stell dir vor, Herr Rothe kann sprechen!« berichtete sie ihrem Jochel, als er aus der Schule kam. »Wenn ich ihn richtig einschätze, will er was von mir.«

Er wollte, stellte sich heraus, ihr seinen Hund für die Zeit einer Dienstreise anvertrauen.

Racker betrat die Fernausche Wohnung mit schöner Selbstverständlichkeit, trippelte gleich durch bis vor den Kachelofen, ohne seinem Herrn noch einen Blick nachzusenden, und ließ sich mit einem Plumps nieder, als wollte er sagen: Hier gefällt's mir, hier bleibe ich. Dann legte er den Kopf auf seine Vorderpfoten und schielte unverwandt zu dem Jungen hin, der ihn beobachtete. Als er ihn schließlich lächeln sah, schlug er mit seiner Rute einmal kräftig auf den Boden, dann robbte er zu Joachim vor und leckte ihm die Hand. Das war der Beginn ihrer innigen Freundschaft.

Als Herr Rothe, von der Reise zurück, sich erkundigte, ob der Hund auch brav gewacht habe, was durch die Blume ausgedrückt hieß, daß er sich sein Futter gewiß reichlich verdient habe, folgte

Racker ihm etwas lustlos, aber gehorsam nach oben. Eine Viertelstunde später kratzte er an der Wohnungstür, machte »wuff« und kam schwanzwedelnd wieder herein. Und dabei blieb es. Herr Rothe, der nicht nur ein Ekel, sondern auch geizig war, fand die Lösung höchst angenehm: Der Hund war bestens versorgt, er brauchte ihn ja eigentlich nur, wenn er auf die Jagd ging.

Das geschah sechs- bis zehnmal im Jahr. Dann erschien er, ganz in Leder und Loden gehüllt und mit doppelläufiger Flinte bewaffnet an der Fernauschen Tür, und sowie Racker ihn in diesem martialischen Aufzug sah, geriet er außer Rand und Band. In wahrer Verzückung wirbelte er wie ein Kreisel um sich selbst, »er hatte den Drehwurm«, und das dauerte eine ganze Weile, in der er nichts sah und nichts hörte vor stummer Begeisterung. Plötzlich aber hielt er ein, warf einen Blick voll schlechten Gewissens auf den Jungen und sprang darauf mit einem Satz in den bereitgehaltenen Rucksack, den Herr Rothe sogleich sorgfältig zuschnürte und sich auf den Rücken hievte. Er mußte nämlich, um in sein Revier zu gelangen, eine Strecke mit der Bahn fahren und pflegte auf diese einfache Weise die Hunde-Fahrkarte zu sparen.

Ach, wie liebte ich diese Racker-Geschichten! Sie hatten sich zugetragen, als ich noch nicht auf der Welt war, und doch gehörten sie jetzt zu meinem

Leben. Ich sah Racker vor mir, den Draufgänger, den kühnen Burschen, wie er den Dachsbau annahm und erst nach Stunden bangen Wartens mit zerfetzten Ohren, aber siegreich die Walstatt verließ. Ich sah Racker, die Memme, die zimperlich und wehleidig winselnd die Pfoten in den ersten Schnee zu setzen pflegte. Und ich sah den Racker in den Sommerferien wie ein ausgebildeter Hütehund die Kühe zusammenhalten, während der dreizehnjährige designierte Kuhhirt auf der Weide saß und sein erstes literarisches Werk, das Drama »Helena«, verbrach.

»Und wieviel habt ihr pro Tag verdient, Racker und du?«

»Fünfzig Pfennige! Das war enorm! Das waren zweieinhalb Reclam-Heftchen!«

»Weiter! Erzähl weiter!«

Es gab die Geschichte von Racker, dem Feinschmecker, der seine Milch stehenließ, lange bevor der »Hirschberger Bote« den Milchhändler als Panscher brandmarkte. Und es gab die schöne Geschichte von Racker, dem Filou, der das Huhn Patruschka daran hinderte, das herausdrängende Ei im Nest zu deponieren, um es dann zufällig im Gemüsebeet zu finden und genüßlich zu verspeisen. Und es gab die Begegnung Rackers im Park von Warmbrunn mit dem Pudel von Hermann Stehr ...

»Kennst du Hermann Stehr? Hast du ihn gelesen?

Er stand links unten in der Bibliothek, gleich neben Gerhart Hauptmann?«
Nein, ich hatte nicht. Ich kannte Hermann Stehr nicht. Ich war nicht bis »links unten« gekommen zwischen Dienstverpflichtung, Bombennächten und dem täglichen Feldpostbrief an meinen Liebsten. Ich war einundzwanzig, als die Bibliothek meines Mannes auch meine wurde, und ich war dreiundzwanzig, als es keine Bibliothek mehr gab.
»Laß nur«, sagte mein Mann, »das holen wir alles nach.«

Eia, popeia,
was raschelt im Stroh?
Es ist von meiner Liebsten
der runde Popo.
Der Winter ist kalt
und die Not ziemlich groß,
doch warm sind die Brüste
und duftend der Schoß.
Laß rascheln zum Zeichen,
wie glücklich wir sind!
Das Bettchen von Daunen
kommt wieder, mein Kind!

✲

Das Bettchen von Daunen war noch nicht wiedergekommen, aber wenigstens die eigenen vier

Wände. Und Hermann Stehrs »Drei Nächte« hatte ich inzwischen gelesen, dank der Münchner Stadtbibliothek.

Dorthin führte uns nun häufig unser Morgenspaziergang: die Georgenstraße hoch, ein Stückchen die Schleißheimer Straße entlang, an dem verlockenden Café Höflinger vorbei, das den besten Zwetschgen-Datschi von München hatte, zwanzig Pfennig das Stück, bis zur Schwere-Reiter-Straße. Mein Mann holte sich, was er für seine Arbeit brauchte, und ich stockte meinen kläglichen Bildungsfundus auf, den mir die Englischen Fräulein vermittelt hatten.

Wir hatten gerade wieder einmal den Weg zur Stadtbibliothek eingeschlagen, als mein Mann sagte:

»Schau mal, da kommt euer Weiß Ferdl!«

Wenn mein Preuße euer statt dein sagte, dann bedeutete das, daß ich nicht als seine Frau angesprochen wurde, sondern als Angehörige einer Spezies, für die er eine herzliche, aber immer etwas mokante Zuneigung hegte: als Bayerin. Der Weiß Ferdl, der da recht gemächlich auf uns zukam, war schön rundlich und schön rosig, trug einen dicken Walkjanker und lederne Bundhosen, endete unten in genagelten Haferlschuhen und oben mit einem bayrischen Hütchen, einem Ding, das mein Preuße, wenn er bayrisch radebrechte, wie Hü-atl aussprach.

Neben Weiß Ferdl trippelte eifrig ein Tausendfüßler, der sich beim Näherkommen als schwarzer Glatthaar-Dackel erwies. Er trug – und war ganz Würde und Ernst – ein rotes Papierhütchen auf dem Kopf, und eine Tabakspfeife hing ihm seitlich aus dem ergrauten Schnäuzchen. Es war Rosenmontag.
Natürlich blieben wir stehen und drückten Herrn und Hund unsere Bewunderung aus. Während ich sofort in die Hocke ging, um meine aufgestaute Hundeliebe loszuwerden, stellte eine Etage höher mein Preuße aufs leutseligste die bayrischen Personalien fest. Der Dackel hieß Birschi und war »acht Jahre, zwei Monate und drei Tage« alt, und das Pfeifchen hielt sich deshalb so tadellos in Birschis Schnauze, weil das Pfeifenmundstück mit dem Gummiring einer Bierflasche bestückt war. Aha!
Sein Herrchen hieß »Herr Fleck« und war von Beruf Straßenbahn-Kondukteur, und zwar fuhr er die Linie acht! (Also doch Weiß Ferdl:

»Ein Wagen von der Linie acht
weißblau fährt ratternd durch die Stadt.
So fährt der Wagen schnell dahin.
Die Menschen, die im Wagen drin,
die schaun gar grantig, niemand lacht
so früh an Bord der Linie acht …«)

Er wohnte vier Häuser von uns entfernt, schon ewig, sagte er, und pflegte seinen Birschi immer gleich nach Heimkehr vom Dienst Gassi zu führen. Im Moment gingen sie »das Frauli« abholen, das »beim Ami« in der Kantine arbeitete. Man sah es beiden an.
Inzwischen bemühte ich mich um Birschi. »Ja, bist du ein schöner, strammer Kerl!« – streicheln – »Und so ein schickes Hütchen hast du auf!« – tätscheln – »Gibst du mir dein Pfeifchen?« Kraulen, tätscheln, streicheln – Birschi war unempfänglich für alle Liebesmüh. Er stand wie angewurzelt und schaute andächtig zu seinem Herrchen hoch. Es war klar: Das war nicht Weiß Ferdl und nicht Herr Fleck, das war der liebe Gott persönlich, und »Du sollst keine Götter haben neben mir«.
Ich gab es auf.
Nach nochmaliger Bewunderung verabschiedeten wir uns von Herr und Hund, und als Herr Fleck seinen Birschi ermahnte, »den Herrschaften« auf Wiedersehen zu sagen, wackelte er folgsam einmal kurz mit dem Schwanzerl.
Es versteht sich, daß wir Birschi nun öfter begegneten. Um mir die meinem Herzen so wohltuenden fünf Minuten Hund zu gönnen, widmete mein Mann sich derweilen Herrn Fleck. Bald wußte er so ziemlich alles über die Münchner Straßenbahn. Übrigens interessierte es ihn wirklich: Als Kind war »Straßenbahnführer« sein Lieb-

lingsspiel gewesen. Da saß er, ein Käppi auf dem blonden Schopf, rittlings auf einem Küchenstuhl, hatte die Messerputz-Maschine seiner Mutter als Kurbel an die Lehne geschraubt und »fuhr«, nachdem er zuvor noch mit dem Besenstiel eine imaginäre Weiche gestellt hatte, mit Berufsmiene, kurbelnd und korrekt die Haltestellen ausrufend, mit seiner Tram von Bad Warmbrunn nach Hirschberg und zurück.

Es waren also sozusagen Fachgespräche, und sie drehten sich um Betriebsbahnhöfe, Depots, Wartung, Fahr- und Bremsstufen, Umformer, automatische Zugkupplung, Elektrohydraulik, aber auch um Herrn Flecks Karriere, seinen Dienstplan, seine beruflichen Freuden und seine beruflichen Ach's und Weh's. Und so ein »Ach und Weh« war es, das uns zum Leih-Hund verhalf: S'Frauli mußte ins Krankenhaus, und der arme Birschi würde den ganzen Tag mutterseelenallein bleiben müssen.

»Aber Herr Fleck! Bringen Sie den Birschi doch einfach tagsüber zu uns!«

So ist das nun mal: Das Sprichwort hat schon recht. Herrn Fleck's Uhl war meine Nachtigall.

*

Um acht Uhr morgens, nach den Begriffen meines Mannes »zu nachtschlafender Zeit«, fand die Übergabe-Zeremonie des Leihhundes statt.

Herr Fleck, in Uniform diesmal, ermahnte seinen Birschi, ihm »fei kei Schand« zu machen und »die Herrschaften net anz'granteln« und verließ uns, ehe ihn der Trennungsschmerz überwältigte. Birschi saß da und starrte die Tür an, hinter der sein Herrgott verschwunden war.

Ich begrüßte ihn herzlich, er reagierte nicht. Ich nahm ihn auf den Arm und zeigte ihm die Wohnung, er ließ es über sich ergehen, ohne mich »anzugranteln«. Als ich ihn absetzte, trottete er sofort wieder zur Wohnungstür und nahm seine alte Warteposition ein.

»Laß uns frühstücken«, sagte mein Mann, »er kommt dann gewiß von selber.«

Aber er kam nicht.

»Der Hund ist ein Stumpfbock, merkst du das nicht?«

»Das ist nicht Stumpfsinn, das ist Liebe!« sagte ich. »Genau so sitz ich hinter der Tür, wenn du verreist, nun siehst du's mal!«

Mein Mann lachte.

Zwei weitere Stunden vergingen, ohne daß der Leihhund seinen Posten verlassen hätte.

»Ein doller bayrischer Bierdimpfl ist das! Ich muß mal vertraute Atmosphäre zaubern«, schlug mein Preuße vor. Er ließ eine Bierflasche schnalzen, geräuschvoll das Bier ins Glas gluckern, tat dann, als nähme er einen gewaltigen Schluck und mimte ein geräuschvolles Wohlbehagens-Aaahh.

Ein leichtes Zittern lief über Birschis Rücken. Und als der Sketch »Bayrische Gemütlichkeit« mit einem virtuos gespielten Rülpser gekrönt wurde, wandte Birschi für einen Moment interessiert den Kopf. Aber mehr war nicht drin.
Ich hatte schon alle Hoffnung aufgegeben, als er plötzlich zur Küchentür hereinguckte. Ich war gerade beim Kartoffelschälen und rief: »Schnell, schnell in die Küche, Birschi ist bei mir!«
Gemeinsam bestaunten wir das Wunder. Was ihn wohl bewogen haben mochte? Hatte er vielleicht Hunger? Durst? Wir boten ihm »a Muicherl«: Nein, danke. Wir boten ihm »a Radl Wurscht«: Nein, danke.
»Als Stumpfbock, der er ist, wird er nur Weißwürste mit Senf oder warmen Leberkäs wollen.«
Aber er wollte etwas ganz anderes. Er wollte rohe Kartoffelschalen. Nicht Kartoffeln, nein, Kartoffel*schalen*. Er katschte sie geräuschvoll und mit Hochgenuß und wollte immer noch eine.
Beim Betteln zeigte er ein Temperament, das wir dem Stumpfbock nicht zugetraut hätten. Er bettelte mit einem Blick, der fast so anbetend war wie der auf sein Herrchen, er hob die Pfote, er wackelte mit dem Hinterteil, und dazu sang er: Er hatte eine ganze Skala von Tönen auf Lager.
»Gib ihm nichts mehr, er kriegt ja einen Schalenbauch!«
Als er begriff, daß nichts mehr zu holen war,

drehte er sich um und trottete zur Entréetür zurück. Dort harrte er aus, bis sein Herrchen ihn abholen kam. Daß sie sich in die Arme fielen, ist vielleicht ein unpassendes Bild, aber ich weiß keines, das diesem Wiedersehen gerechter würde. Das vollkommene Hund-und-Herrchen-Glück bot sich unseren Augen.

Die Leihhund-Tage verliefen nun alle nach demselben Schema: Birschi bewachte die Eingangstür rund um die Uhr, und nur das Geräusch des Kartoffelschälens lockte ihn vorübergehend in die Küche.

Wir aßen ihm zuliebe Bratkartoffeln, Reibekuchen, Kartoffelknödel, Kartoffelbrei. Wenn es stimmt, daß die Liebe durch den Magen geht, dann mußte er uns allmählich gewogen sein.

Aber ich kann nicht leugnen, daß wir Erleichterung verspürten, als »s'Frauli« wieder gesund und die Leihhund-Tage zu Ende waren.

Wie es um Birschis Gefühle bestellt war? Ich weiß es nicht. Wenn wir uns von nun an auf der Straße begegneten, begrüßte er uns unaufgefordert und schon von weitem mit freundlichem Wedeln. Aber vielleicht galt das gar nicht uns, sondern der Erinnerung an die Kartoffelschalen.

## 2.

Es dauerte noch viele, es dauerte zehn lange Jahre, bis wir auf den Hund kamen, den eigenen, meine ich. Zunächst einmal verließen wir, sobald die Finanzen es erlaubten, die Witwen und Waisen und zogen ein paar Straßen weiter. Die neue Wohnung lag im fünften Stock und verlangte die Ersteigung zu Fuß, es gab keinen Aufzug. Keine ideale Ausgangslage für mehrmaliges tägliches Gassigehen. Hundehaltung war zwar erlaubt, und es bellte auch munter in den unteren Etagen, aber ich hatte inzwischen eingesehen, was mein Mann mir immerfort predigte: daß eine Wohnung mitten in der Großstadt und ein glückliches Hundeleben nicht unter einen Hut zu bringen sind.
»Und einen Bierdimpfl wie den Birschi selig willst du ja hoffentlich nicht.« Er sagte »Birschi selig«, als sei der schon zu Lebzeiten tot.

*

Man muß warten können. Natürlich ist es schön, wenn das Schicksal einem ein Geschenkchen ganz spontan und unerwartet zuteilt. Aber es ist auch schön, wenn man auf die Erfüllung eines Wunsches lange hat warten müssen; wenn man etwas er-wartet hat. Was ich einmal bei Benn gelesen hatte: »Spät ankommen, spät bei sich selbst, spät bei den Festivals« hat mir immer eingeleuchtet.

»Auf die Festivals ist gepfiffen«, kommentierte mein Mann. Er mochte keine Festivals. Das Wort schon war ihm unangenehm. Dann, eines Tages, war es soweit; wir konnten uns endlich unseren Traum erfüllen: ein kleines Haus in einem Dörfchen im Süden. Wenn mein Mann nun am Schreibtisch aus dem Fenster blickte, dann sah er nicht mehr unseren Schwabinger Balkon mit seiner ständigen Abordnung von Hanf futternden Spatzen und Grünlingen, und nicht mehr die grauen Mietshäuser gegenüber und ein Dach, das den Himmel versperrte. Er sah Florenz unter sich liegen, den Giotto-Turm, die Dächer von Santa Croce, die Domkuppel des Brunelleschi (»Ich hab sie im Fadenkreuz«), den Arno, der in der Sonne glänzte. Und nichts schränkte den Himmel ein, der sich tiefblau über das Land spannte.

Es war wie ein Wunder. Und ein Wunder war es auch, daß mein Mann mit einer Selbstverständlichkeit weiterarbeitete, als hätte es diesen Rieseneinschnitt in unserem Leben nicht gegeben. Er schrieb leicht und gelöst wie selten. Er schrieb

fast schmerzfrei. Wenn er überhaupt eine Begabung zum Glücklichsein gehabt hätte, dann hätte er es jetzt sein müssen.
»Freust du dich?« fragte ich ihn vorsichtshalber mehrmals am Tag.
»Dazu hab ich doch meinen Freuer vom Dienst!«
Er hatte recht. Ich freute mich von morgens bis abends. Ich habe ein kindliches Gemüt, ich freute mich für zwei, und meine Freude war wie Balsam auf sein an der Welt leidendes Herz. »Ich bin nie pfeifend durch die Welt gegangen«, hat er einmal geschrieben.

Es gibt ein Bild von Vittore Carpaccio, das wir, obwohl es S. Agostino darstellt, immer »Der Heilige Hieronymus im Gehäus« nannten. Der Heilige, der aussieht wie ein venezianischer Gelehrter, sitzt, umgeben von Büchern und mit dem Griffel in der Hand in seinem *studiolo* am Arbeitstisch und blickt tief in Gedanken zum Fenster hin, durch das das Sonnenlicht in Streifen in die Stube fällt. Links im Bild, auf dem kahlen Fußboden, sitzt ein kleiner, putziger Hund und schaut andächtig zu seinem Herrn hoch.
Auch mein Hieronymus hatte nun sein Gehäus fürs Leben gefunden. Es fehlte nur noch der kleine Hund, dann war das Carpacciobild zum Leben erweckt. Wo wir ihn wohl finden würden? Ich ahnte nicht, wer uns schon bald zu unserem

Wunschhund verhelfen würde: eine Hundedame namens Mila.

*

Mila war die Hündin von Don Ruggiero, der neben einer stattlichen Anzahl von Karnickeln und einer noch stattlicheren Zahl von Hühnern auch die fünfzig Seelen des Dorfes betreute. Als wir ihm, wie es sich gehört, unsere Aufwartung machten, sahen wir sie zum ersten Mal, wenn auch nur einen Augenblick lang, bevor sie auf ein barsches »Mila, a cuccia!« hin verschwand. Sie sah aus wie eine schlanke, rote Füchsin. Sie gefiel mir sehr. Don Ruggiero, den schwarzen Habit mit einigen weißen Hühnerfedern garniert, hieß uns *ben venuti* und führte uns an der verlockend duftenden Küche vorbei in den *salotto,* eine schauerlich ungemütliche kalte Pracht, die noch dazu verdunkelt war, denn ein richtiger Italiener verlangt zwar, daß dreihundertfünfundsechzig Tage im Jahr die Sonne scheint, aber bitte nicht in seine vier Wände.
Dafür war der Pfarrer um so gemütlicher. Er war ein großer, schlanker Mann von natürlicher, offener Freundlichkeit, dem man ansah, daß er lebte und leben ließ. Daß wir nicht zu seiner Fakultät gehörten, machte ihm nicht das geringste aus. Als er einige Jahre später nach Lourdes pilgerte, brachte er jedem seiner Pfarrkinder eine geweihte Gipsmadonna en miniature mit; für mich Heidin

aber – welche Höflichkeit des Herzens – ein Parfum, das sich klangvoll »Étoile de Lourdes« nannte und auch so klangvoll duftete, und meinem Heiden ein Pfeifchen mit der Aufschrift »Souvenir de Lourdes«. Als wir fragten, ob er in Lourdes auch für uns gebetet habe, sagte er: »Ja. Für jeden von Ihnen. Einzeln. Mit Namen. Der liebe Gott kennt Sie ja.«

Inzwischen hatten wir den *vin santo* probieren müssen, Marke Eigenbau, der nicht nur als Meßwein diente, sondern offenbar auch sonst recht gern gepichelt wurde.

Dann bekam »Signor Giovacchino« den ersten *toscano* seines Lebens angeboten und rauchte dieses bestialische Kraut ohne mit der Wimper zu zucken. Mit vereinten Kräften und bei lebhafter, höchst weltlicher Unterhaltung nebelten die beiden Männer den *salotto* ein, dessen schwere, dunkle Möbel übrigens »stile barocco piemontese« waren, was immer das sein mag.

Von draußen drangen allerlei Geräusche herein, man hörte die Schwälbchen zwitschern, die unter dem Kirchdach nisteten, und die Hühner gackern; eine rüde Frauenstimme schimpfte in unverständlichem Dialekt, eine Turteltaube nervte mit ihrem pausenlosen ruckediguuuh, und ab und zu rumpelte und klopfte es, das mußten die Kaninchen in ihren Ställen sein. Nur von Mila war kein Mucks zu hören.

Wir sahen sie erst wieder, als wir unseren Nachtspaziergang machten.
Wir liebten diesen späten Rundgang (den Nachtwächterrundgang nannten wir ihn), der uns zwischen Olivenhainen und Zypressenreihen rund um das Dörfchen führte. Zuerst hügelaufwärts bis zu der Villa, aus der in die lautlose Nacht hinein sehr oft Musik erklang, unser geliebtes Brahms-Sextett Nummer eins etwa (»Der zweite Satz soll einmal mein Requiem sein, merk dir das, Gabs«) oder ein Beethovensches Klavierkonzert. Dann an zwei schlafenden Höfchen vorbei bis zu dem kleinen Dorffriedhof mit seinem Gittertor, hinter dem man die elektrischen Lämpchen glühen sah, die den Italienern die Kerzen an ihren Gräbern ersetzen. Und schließlich eine verfallene Treppe hoch bis zum Kirchplatz, der im hellen Schleier des Mondlichts träumte.
Auf dem Mäuerchen, das den Platz an einer Seite säumt, lag Mila. Sie hatte die Vorderpfoten elegant übereinandergeschlagen und den Kopf erhoben, sie war wach. War sie etwa aus Versehen ausgesperrt worden? Pfarrhaus und Kirche waren dunkel, alle Türen verschlossen.
Wir setzten uns rechts und links neben sie auf das Mäuerchen. Mein Mann hielt ihr seine Hand hin, und sofort, mit einem kleinen Seufzer, legte sie ihren Kopf darauf. Die Geste war überraschend und rührend, und rührend war auch, daß sie diese

Stellung offenbar für die Nacht beibehalten wollte. Sie hielt ganz still. Wir erklärten ihr schließlich, daß wir nach Hause müßten, und daß sie nun schlafen sollte und daß wir uns ja wiedersehen würden. Wir sprachen wie zu einem traurigen Kind, das man trösten will. Dann gingen wir.

Auf halbem Wege merkten wir, daß sie uns heimlich folgte. Je näher wir unserem Haus kamen, desto kühner pirschte sie sich heran. Als wir das Gartentörchen aufsperrten, flitzte sie wie ein Pfeil hindurch.

Was tun? Es ist so deprimierend, ein Tier enttäuschen zu müssen. Wir gaben ihr eine Schale Milch und viele Streichler und viele beruhigende Worte. Aber sie suchte nur weiter unentwegt die Hand meines Mannes.

»Mila, was ist denn los mit dir? Du hast doch schon ein Herrchen, das für dich sorgt und das dich lieb hat!«

Es stimmte nicht ganz.

In der Bibel steht geschrieben, daß Gott die Tiere dem Menschen untertan gemacht habe. Das nahm man hier wörtlich. Mila war ein »Untertan«, eine »povera bestia«, die »keine Seele hatte«. Wie die Katze, die Kaninchen, die Hühner. Die Katze war zum Mausen da, die Kaninchen, um den Sonntagsbraten zu liefern, die Hühner teils zum Eierlegen, teils um als Suppenhühner verkauft das Budget des Pfarrers aufzubessern. Und Mila war als Wächter angestellt, mußte die Kirche im Auge behalten und aufpassen, daß niemand den Opferstock plünderte; mußte alle verdächtigen Fremden melden; mußte den Ratten den Garaus machen, die sich bei den Ställen herumtrieben, und mußte die Zigeunermädchen in die Waden zwicken, wenn sie auf Hühnerklau unterwegs waren. Zweimal im Jahr, wenn Don Ruggiero sich am Tag der Jagderöffnung wie die Hälfte des männlichen Italiens in einen Nimrod verwandelte, diente sie ihm, etwas zweckentfremdet, als Vorstehhund. Dafür hatte sie Kost und Logis. Mehr nicht.

Das Mehr, eine Stimme, die wärmte, eine Hand, in die man den Kopf legen konnte, ein Verstehen ihrer kleinen verhungerten Seele, das kam wie eine Offenbarung über sie und machte meinen Mann zu ihrer großen Liebe.

Sie kam nun täglich zu ihm. Sie kam heimlich und immer nur kurz – denn sie hatte ja Pflichten, und ihr Fehlen durfte nicht bemerkt werden –, aber mehrmals am Tag. Dann lief sie freundlich wedelnd, aber ohne Aufenthalt an mir vorbei pfeilgerade ins »Gehäus« und legte sich zu meines Mannes Füßen. Fünf Minuten, zehn Minuten Seligkeit, dann eilte sie zurück.

Aber spät abends, wenn die Pfarre im Dunkel lag, wenn alle *cristiani* mitsamt ihren Untertanen schliefen, gab es noch einmal ein Stelldichein.

Plötzlich, vor Eifer hechelnd, tauchte sie neben uns auf, wenn wir im Dunkeln vor dem Haus saßen und meine glimmende Zigarette den Glühwürmchen ringsum Konkurrenz machte. Oder sie kam durch die offene Verandatür hereingestürmt, wenn mein Mann am Flügel saß. Dann spielte er zu ihrer Begrüßung »Du, du liegst mir im Herzen« und »Horch, was kommt von draußen rein, holahi, holaho, wird wohl mein feins Liebchen sein, holahiaho« oder »Wenn i komm, wenn i komm, wenn i wiederum komm« und natürlich auch den neuesten Ohrwurm: »How much is the dog in the window«, und ich sang es mit und ahmte auch das »wau, wau« nach, das zum Schlager gehört. Und wir lachten. Dann konnte es sein, daß der Hund, der immer so ernst und immer ein bißchen traurig wirkte, sich übermütig auf den Rücken warf und vor Wohligkeit grummelnd mit allen vieren in der Luft strampelte.
Bei solch einer Bodenakrobatik glaubte ich zu sehen, daß Mila trächtig war. Mein Gott, wenn das stimmte!
Wir begleiteten sie noch ein Stück Wegs zurück zu ihrer Schlafstelle auf dem Mäuerchen.
Hoch oben im Kirchturm fauchte der Uhu, der dort sein Quartier hatte. Es klang wie Schnarchen. Der Wind brachte das rollende Geräusch eines Zuges von jenseits des Arno herüber, zwei Nachtigallen erzählten sich was.

»Die Welt ist schön«, sagte ich.
»Die Welt könnte so schön sein«, verbesserte mein Mann.

*

Ich hatte richtig gesehen: Mila war trächtig. Und damit war klar: Ein Sohn von ihr mußte der Carpacciohund werden. Ich ging zu Don Ruggiero, ihn darum zu bitten.
Anna, die Haushälterin, öffnete auf mein Klingeln, nachdem Mila mich scheinheilig verbellt hatte, als sei ich ein Wildfremder, und als wäre sie nicht noch vor einer Viertelstunde heimlich bei uns gewesen.
»Oh, Signora Gabriella, venga, venga!« Kommen Sie herein! Sie führte mich nicht in die Kalte Pracht, die wohl nur Respektspersonen wie Signor Giovacchino vorbehalten war, sondern gleich hinein ins pulsierende Leben. Das Leben pulsierte im Augenblick im Höfchen hinter der Küche. Auf einem Hocker, angetan mit einer blauen Schürze, das Brevier neben sich, saß Don Ruggiero und rupfte ein Huhn, daß die Federn flogen. Neben ihm, ebenfalls rupfend, Annas Mutter, die als permanenter Anstandswauwau die Einhaltung des Zölibats überwachte.
Sie war *di altri tempi*, vom alten Schlag, wurde von ihrer Tochter mit Sie angesprochen, ein altes, dünnes, immer schwarz gekleidetes Weiblein mit

einem Kopftuch um ihr winziges Runzelgesicht. Nie hörte man sie lachen, immer nur schimpfen, und dabei kamen einige große gelbe Zähne zum Vorschein, die reißverschlußartig ineinanderpaßten. Sie hieß Tersilia. Mein Mann nannte sie Petersilie. Er fand, sie habe eine frappierende Ähnlichkeit mit einer rüstigen Dame namens Petersilie, die Karl May in seinem »Durchs wilde Kurdistan« beschreibt. Der Vergleich stimmte nicht ganz, die balkanischen Knoblauchdüfte fehlten hier, aber sonst hätte Tersilia durchaus das Modell von Karl Mays Petersilie sein können.
Während ich Don Ruggiero meinen Herzenswunsch vortrug und er mir lachend gleich den ganzen Wurf anbot, hörte ich plötzlich dicht hinter der Petersilie einen dünnen, hauchdünnen Klageton, und als ich hinsah, wünschte ich von Herzen, Anna hätte mich in die Kalte Pracht geführt anstatt hierher. Dicht um die Petersilie herum – ihr langer Rock hatte mir die Sicht verdeckt – kauerten mit zusammengebundenen Füßen, bewegungsunfähig, zehn Hühner und warteten, daß sie »drankamen«, warteten auf den Tod. Ich bin sicher, sie witterten ihn, sie rochen ihn, sie spürten ihn. Sie hatten die Köpfchen tief ins Gefieder geduckt, aber nicht weggesteckt wie zum Schlafen, sie sahen erbärmlich erschreckt aus. Und ab und zu kam dieses hauchdünne Klagen.
Ich verabschiedete mich, so schnell es ging, und

setzte mich draußen erst einmal auf das Mäuerchen, um mich zu fassen. Warum taten sie das den Tieren an? Es war doch nicht nötig!

»Es ist nicht nötig, es ist nicht gegeben« – die Stelle in der »Gretchenfrage« fiel mir ein. Da sagt eine Gestalt – und sie spricht dem Autor aus der Seele –: »Mein erschreckendstes Erlebnis – ich war damals fünfzehn Jahre alt – war eine Gans, die ihr Leben in einem engen, dunklen Verschlag zubrachte, die mit Knödeln, die man ihr gewaltsam in den Schlund drückte, zu Tode gemästet wurde, damit sie, dick und fett, zu Weihnachten von den Menschen gefressen werden konnte. (Ja, ja, aber ist das nicht etwas Natürliches?!) Nein, es ist etwas absolut Unnatürliches. Es hat mit der Natur nichts mehr zu tun. Es ist nicht nötig, es ist nicht gegeben, es ist gemein!«

Aber sie waren doch nicht gemein! Was dachten sie sich nur? Vielleicht hätte der Gott der Petersilie sich drastischer ausdrücken müssen? »Du sollst die Tiere, die ich dir untertan machte, nicht quälen, sonst quäle ich dich auch.«

Nein, auch das hätte nichts genützt, sie wußten ja nicht, daß sie quälten. Sie wußten nur, daß ihre Methode praktisch war.

Oh, diese verdammten praktischen Methoden in der Welt! Wie hassenswert sie sind! Und welche Schande, daß sie zunehmen und niemand dagegen rebelliert.

»Los, erzähl!« sagte mein Hieronymus, als ich ins Gehäus kam. Ich machte es kurz und schmerzlos.
»Die Petersilie läßt grüßen. Sie wird dich demnächst besuchen.«
»Da sei Gott vor!«
»Sie kommt, um Gras für die Kaninchen abzusicheln.«
»Schon besser. Und was ist mit dem Hund?«
»Wir können Milas sämtliche Kinderchen bekommen.«
»Danke. Eines genügt.«

*

Der Mai ist ein köstlicher Monat hier oben auf unserem Hügel. Die erste Hälfte gehört noch zum Frühling, es blüht und wuchert. Die zweite Hälfte aber ist schon purer Sommer, und die Natur legt ein Päuschen ein, sie scheint ein bißchen ermüdet. Frühmorgens ist es noch frisch, aber dann klettert das Thermometer schnell, dreißig Grad zeigt es zu Mittag. Natürlich ist der Himmel blau, und natürlich werden die Gewitter, die der Wetterfrosch der *televisione*, der Colonello Bernacca, für die Toskana vorausgesagt hat, Florenz wieder nicht streifen, sondern in Lucca niedergehen. Über der Stadt liegt eine Dunstglocke, es muß mörderisch heiß da unten sein und eine Luft wie zum schneiden. Man merkt es, wenn einmal ein

Auto hier vorüberfährt. »Pfui Teufel, stinkt das!« Aber es fahren fast keine Autos vorüber. Es ist wunderbar still. Verwunschen still. Bis plötzlich ein lautes, durchdringendes Schnarren anhebt, dann ein zweites, ein drittes: Die Zikaden sind da und singen ihr Sommerlied.
An solch einem Maitag kam unser Hund zur Welt. Wir saßen im Garten, der frisch gebackene Erdbeerkuchen hatte Hieronymus aus dem Gehäus gelockt, da tauchte Mila auf. Aber sie stürzte nicht wie sonst gleich auf uns zu, sondern blieb in einigem Abstand stehen. Sie stand ganz schräg, wie auf dem Sprung, und wirklich, sie rannte sofort wieder weg.
Da begriffen wir: Das freudige Ereignis war eingetreten.
Es bestand aus drei blinden Maulwürfen. Sie lagen in einem Pappkarton voller alter Nummern von »La famiglia cristiana«, der in einem Winkel der Sakristei abgestellt war. Mila erlaubte uns, jeden Maulwurf einzeln aus dem Karton zu nehmen und zu bewundern. Es waren zwei Weibchen, und beim dritten verriet ein lustiges dünnes Haarpinselchen an der entscheidenden Stelle den Rüden.
»Dürfen wir das Männchen haben, Don Ruggiero?«
»Schenkst du uns deinen kleinen Sohn, Mila?«
Kein Einspruch. Von keiner Seite.

Ich besuchte ihn täglich. Jeden Tag wurde er weniger Maulwurf und mehr Hund. Bald würden wir ihn ins Gehäus holen können. Zuvor aber mußte endlich unser Grundstück eingezäunt werden.
Drei Alleskönner aus der Nachbarschaft boten sich für diese Arbeit an. Da war erstens der Robinson Crusoe mit Namen Bennati. Mein Mann, der sich die italienischen Namen spaßeshalber ins Deutsche übersetzte, nannte ihn Herr Wohlgeboren. Herr Wohlgeboren war dabei, sich in unserer Nähe eigenhändig eine Hütte zu errichten. Große Fortschritte hatte sein Bau gemacht, solange unser Haus in Konstruktion war. Jetzt stagnierte die Arbeit, Herr Wohlgeboren mußte zur Materialbeschaffung etwas weiter in die Ferne schweifen. Von sich auf die übrige Menschheit schließend, hatte er sein halbfertiges Werk festungsartig verbarrikadiert mit hohem Maschenzaun und Stacheldraht und Eisenstangen in Zement gerammmt und Glasscherben auf den Torpfosten. Es war uneinnehmbar, aber schön war es wirklich nicht. Wir mißtrauten dem ästhetischen Empfinden von Herrn Wohlgeboren, obwohl er das billigste Angebot machte, und strichen ihn von der Liste der Bewerber.
Kam noch Bepe in Betracht. Bepe war das, was Knut Hamsun einen Allerhandmann nennt. Eigentlich war er Bauer, aber ohne Land, er hatte tausend Gewerbchen, alle gleichzeitig und alle etwas undurchsichtig, doch sie ernährten ihn gut.

Bepe hatte uns schon bei unserer Ankunft beim Auspacken der Bücherkisten geholfen. Schweigend und auf der Nase schwitzend hatte er danach eine ganze Weile vor der bestückten Bibliothekswand gestanden. Man sah ihm an, wie es in ihm wühlte. Ganz offensichtlich dachte er scharf nach, wie er mit dem fremden *scrittore* ein literarisches Gespräch beginnen könnte. Und dann endlich hatte er die Lösung: »Signore, haben Sie das alles selbst geschrieben?«
Seit der *signore* das hatte verneinen müssen, war er in Bepes Wertschätzung etwas gesunken. Auch ein weiterer Vorfall hatte dazu beigetragen, daß er nicht mehr recht wußte, was er von dem *tedesco* halten sollte. Wir waren damals fast die einzigen auf dem Hügel, die ein Auto besaßen (»Signora Volkswagen« schrieb der Bäcker auf die Tüte mit dem zurückgelegten Brot), und auf unseren Fahrten nach Florenz und zurück nahmen wir alles mit, was den Berg herauf- und hinunterkrauchte.
Und so luden wir eines Tages auch den literarischen Gesprächspartner ein, der bergab und zu Fuß dem kommunistischen Parteibüro zustrebte, um seinen Mitgliedsausweis, die *tessera*, erneuern zu lassen. Stolz zeigte er uns gerade das wertvolle Dokument (altes Parteimitglied!), als er plötzlich höchst unsanft nach vorn und ich von hinten an seine Schulter flog.

»Entschuldigt«, sagte der Verursacher dieser Vollbremsung, »ich hätte sonst die Eidechse totgefahren.«
Die Geschichte machte natürlich die Runde und nahm dabei an Dramatik erheblich zu. Als sie bei Don Ruggiero angelangt war, war Bepe schon knapp dem Tode entronnen. Und das wegen einer Eidechse! War der *tedesco* ein Kauz? Ein Spinner? Ein sonderbarer Heiliger? Oder war das vielleicht einfach nur typisch deutsch?
Wir fanden es besser, Bepe keinen Grund für weiteres Kopfzerbrechen zu bieten.
Blieb also Nummer drei: Bruno. Er war der Sohn der Petersilie und wohnte mit Frau und Kindern ebenfalls am Kirchplatz. Er war Maurer, hatte aber kürzlich seine Arbeitsstelle zugunsten eines anderen Jobs aufgegeben: Er war inzwischen Nachtwächter in einer Fabrik. Das erlaubte ihm die berühmten zwei Fliegen mit einer Klappe: nachts bezahlt zu schlafen und tagsüber auf eigene Rechnung und steuerfrei zu maurern.
Aus seiner Kindheit kannte er ein einziges deutsches Wort, das Wort »Rrrrraus!« (eine Wehrmachtseinheit hatte während des Krieges eine Zeitlang in seinem Heimatdorf im Apennin gelegen). Er sprach es immer mit sieben R, höchst zackig, denn: »Signor Giovacchino, auch ich bin prussiano!« Natürlich war er kein Preuße, sondern der Italiener, wie er im Buche steht. Aber einige

preußische Tugenden, durch *italianità* gemildert, hatte er wirklich. Er war bescheiden, sparsam, ungewöhnlich fleißig und arbeitsam. Er kannte seine Grenzen und war, sogar was den Fußball betrifft, ganz ohne nationalen Größenwahn.

Wir hatten richtig gewählt. Der Zaun wuchs so schnell wie Milas Sohn, und als er fertig war und Bruno auch noch ein Täfelchen mit »Vorsicht, bissiger Hund« einzementiert hatte, holten wir den bissigen Hund nach Hause.

# 3.

Er hatte noch den typischen Welpengeruch, gemischt mit etwas Hühner- und Karnickelparfum. Und er sah entzückend aus: heller in der Farbe als seine Mutter, semmelblond. Pechschwarz das Schnäuzchen und wie dunkler Bernstein, honigfarben, die Augen. »Mit Lidstrich!« betonte sein Herr. Die Stirn voller Längs- und Querfalten: »Denkerfalten«, betonte sein Herr. Und darüber die Wuschelohren, die noch nicht recht wußten, wie sie sich präsentieren sollten. Beide nach rechts gerichtet? Eins hochgestellt und das andere umgeknickt? Oder beide lässig zurückgeschlagen? Oder einfach baumeln lassen? Oder beide spitz aufgerichtet, sozusagen in »Ich-bin-ganz-Ohr«-Pose?

Im Pfarrhaus hatten sie Milas Sohn der Einfachheit halber Milo gerufen. Der Name gefiel uns nicht. Wir hatten uns auf einen kleinen Fuchs gefreut und nannten ihn Fuchsi. Die Italiener natürlich hatten Schwierigkeiten mit diesem Namen. Der Postbote sagte Fuuuuuschi zu ihm. Unsere Zugehfrau rief ihn Fussi, und Bruno gar machte einen Fufi aus ihm. »Fufi, rrrrraus!« – er ließ sich keine Gelegenheit entgehen, sein deutsches Paradewort anzubringen. Für die weitere Umgebung war Fuchsi einfach *il signorino.* »Signorino, sei proprio nato con la camicia«, (Bürschchen, du hast das große Los gezogen) sagten sie, wenn sie ihn mit seinem funkelnagelneuen feschen roten Halsband sahen, das sein Herr in einem Florentiner Hundesalon erstanden hatte.

»Fuchsi, ich hab dir eine Krawatte mitgebracht. Der Mann von Welt trägt Krawatte, wenn er ausgeht, verstehst du? Und Rot, mußt du wissen, ist im Moment die große Mode in der Welt. Bis es ihr zum Halse raushängt, aber das erleben wir beide nicht mehr.«

Sie sprachen viel miteinander, von Anfang an. Dann saß der kleine Kerl zu seines Herrn Füßen, hielt den Kopf schief und sah zu ihm hoch, ganz Aufmerksamkeit und Verstehenwollen.

Er lernte schnell, und nach einigen Wochen hatten wir alles im Griff. Kein Pipi mehr auf den Teppichen (»Sonst wird das Frauchen fuchsteufelswild. Ich darf's ja auch nicht, Fuchsi!«). Kein Unheil mehr in dem frisch angelegten Garten. (»Schau, Frauchen ist doch die Fürstin Pückler und gestaltet gerade unseren Muskauer Park! Du weißt doch, wie unfürstlich sie reagiert, wenn du ihr die ausgebuddelten jungen Palmen in die Küche bringst!«) Daß Vorhänge einen unter sich begraben, wenn man zu heftig daran zieht, daß die Menschen es nicht lustig finden, wenn sie ihre Schuhe im Garten suchen müssen oder ein Buch in Fetzen wiederfinden – allmählich sah er alles ein.

»Ist das dein neuer Hund, Signore?« riefen die Apothekerkinder aus der Nachbarschaft über den Zaun, als sie Herr und Hund bei einem gesprächigen Rundgang durch den Garten sahen.
»Ja. Das ist der Fuchsi.«
»Redest du deutsch mit ihm?«
»Ja. Aber italienisch versteht er auch.«
Sie staunten. »Sag mal was auf italienisch zu ihm!«
»Fuchsi, siediti!« Er setzte sich brav, einen Augenblick lang.
Längeres Schweigen der Bewunderung.
»Aber englisch kann er nicht, gell?«
»Sit down, Fuchsi.« Er setzte sich aufs neue.
»Und französisch?« Sie vergaßen ganz, daß er ja immer noch saß.
O weh, dachte ich. Der Schüler Fernau hatte es dereinst zu einer Fünf in Französisch gebracht.
»Asseyez-vous«, sagte mein Mann kühn und siezte seinen viersprachigen Hund.
Ich lachte. Aber der Erfolg war überwältigend. Die Kinder rannten davon, um Fuchsis Ruhm zu verbreiten.

Wie würden sie erst darüber gestaunt haben, daß unser Hund auch Briefe schreiben konnte.

»Liebe Wurzel«, schrieb er an die Dackeldame unserer Freunde, »ich danke Dir für das schöne Foto, wo Du eine Brille auf der Nase hast und in dem Buch ›Und sie schämeten sich nicht‹ liest. Ich weiß, Ihr müßt immer lesen, weil Ihr Buchhändler seid! Bei uns wird immer geschrieben, weil mein Herrchen Schriftsteller ist. Ich glaube ja, er schreibt nicht gern. Aber Frauchen sagt, er muß, weil es ihr, wenn er schreibt, immer so gemütlich ist. Wie findest Du das? Ich möchte wissen, ob es bei Goethes auch so war, und ob er auch nur geschrieben hat, damit es seiner Frau gemütlich war. Wenn ich mir die zwei Meter Goethe in unserer Bücherwand anschaue, dann muß es der Frau Goethe irre gemütlich gewesen sein. Mein Herrchen hat erst fünfzehn Zentimeter, aber er hat angekündigt, daß er sich demnächst bessern wird und ab Januar wieder ein neues Buch beginnt. Bis dahin ist es noch lang, und leider, sagt Frauchen, kommt davor noch die harte Zeit, wo Herrchen immer grübeln und denken und unter tausend Zweifeln sein Herz befragen muß. Seinen Theodoliten nennt er sein Herz. Dann kann er nachts nicht schlafen, und sogar die Goldberg-Variationen können ihm nicht mehr helfen, und dann kommt der Weltschmerz über ihn, und dann muß Frauchen ihn auffangen, und das ist sehr schwer, sagt sie. Weißt Du vielleicht, was das ist? Weltschmerz? Ausdrücke haben die Menschen!

Vor dem Weltschmerz aber fahren wir nach München, und ich darf mit! Wir müssen jetzt gleich zum Dottore Barbadori fahren, er muß mich impfen, sonst lassen sie mich in Deutschland nicht rein.

Ciao, ciao, ciao! Dein neuer Freund Fuchsi.

PS.: Kannst du das erraten? Das hat mein Herrchen für Dich gezeichnet.«

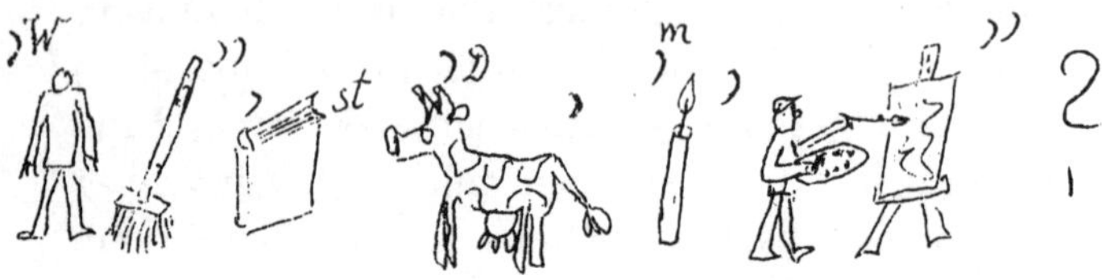


*

»Na, wie war's, Fuchsi?« fragte das Herrchen, als wir vom Tierarzt zurückkamen.

»Es war vor allem italienisch«, sagte ich. »Das Wartezimmer war leer bis auf einen Berg zerfledderter Sportzeitungen und einige feuchte Hinterlassenschaften auf dem Fußboden. Im Sprechzimmer – ich ging einfach rein, als mir das Warten zu dumm wurde – lümmelten sechs Männer, die teils qualmten, teils Espresso tranken und sich derart lautstark unterhielten, als stritten sie. Aber keine Spur, sie redeten nur über Fußball. Mein Eintreten schienen sie gar nicht wahrzunehmen, aber zwei Hundezwerge, die auf dem Schreibtisch herumbalgten und an diversen Stempeln knabberten, bemerkten Fuchsi und meldeten es weiter. Da sah der Weißgekleidete unter den Männern auf und fragte nach unserem Begehr. Ich erklärte es ihm. Er schob den aufgeschlagenen *Corriere dello Sport* und die Espresso-Tasse auf dem Behandlungstisch etwas zur Seite und machte auf diese Weise Platz für den Patienten.

»Deutsch?« fragte er und beförderte auch noch eine deutsche Grammatik und eine Sprachkassette zu Fuchsi auf den Behandlungstisch. Er studiere Deutsch, erklärte er dabei, und offenbar gedachte er, gleich ein Übungsstündchen mit mir abzuhalten.

»Frau … isch abe auch zwei Hunden, Virgola e Punto.«

Die Zwerge sahen auch wirklich aus wie ein Komma und ein Punkt.

»Wo Sie kommen von Deutschland?« fragte er weiter und haute so nebenbei Fuchsi, der es gar nicht mitkriegte, die Spritze rein. Danach kramte er in einer Schublade nach Formularen und schrieb schließlich den Impfpaß aus. »Dai, Virgola!« Er nahm dem Komma den benötigten

Stempel aus den Zähnen und machte das Dokument amtlich.
»In vier Wocken noch eine Spritze aben, capito?« Ich verstand und fragte, was ich schuldig sei. Den Betrag nannte er vorsichtshalber auf italienisch, ohne nachzufragen, ob ich verstanden hätte. Die Hände hat er sich weder vorher noch nachher gewaschen.«
Mein Mann sah sich den Impfpaß an und war beleidigt. Der Dottore Barbadori (»Also Dr. Wurzelgold heißt er!«) hatte gewagt, unseren edlen Hund als *bastardo* zu bezeichnen.

✲

Fuchsi wunderte sich, als ich um sieben Uhr morgens in die Küche kam. Er war ja schon ganz unseren Rhythmus gewohnt, und sieben Uhr war nachtschlafende Zeit. Er blieb in seinem Bett und schaute mich aus verschlafenen Äuglein an. Und nun erschien auch noch das Herrchen gestiefelt und gespornt! Unglaublich!
»Gabs, geh mit dem Hund noch mal durch den Garten, damit er sein Geschäft macht. Ich trag inzwischen die Koffer ins Auto. Aber führ ihn an der Leine, damit er nicht noch abhaut.«
Wir gingen durch den Garten. Erfolglos. Es war zu früh.
»Hast du die Pässe?«

»Ja«, sagte ich.
Hast du die Schlüssel für München? Ja. Hast du die grüne Versicherungskarte? Ja. Die Pässe? Ja. Die Mautkarte? Ja. Meine Zigarren? Ja. Meinen Führerschein? Ja. Was fehlt noch?
»Daß wir losfahren«, fand ich.
Unten, im Ort, machte gerade der Zeitungskiosk auf, als wir vorbeifuhren. »Soll ich noch den ›Spiegel‹ kaufen?«
»Nee«, sagte mein Chauffeur.

An einer Tankstelle in Bologna hielten wir zum erstenmal. Damit Fuchsi und so weiter ... Aber er wollte nicht.
In Mirandola – die *autostrada del sole* war damals noch nicht durchgehend – hielten wir zum zweiten Mal. Wieder vergeblich. Mein Mann unkte etwas von Blasenleiden, wenn das so weitergehe.
In Ostiglia tankten wir und baten den Tankwart, den Wasserhahn neben der Zapfsäule öffnen zu dürfen, um unseren Hund durchs Wasserplätschern zu animieren. Der Tankwart sah uns an, als hielte er uns für leicht übergeschnappt. Fuchsi stand dabei, hielt den Kopf schief und schaute interessiert zu.
Hinter Verona stärkten wir unsere strapazierten Nerven mit einem Espresso. Dann schlug mein Mann sich mit Fuchsi in die Büsche und animierte ihn höchstpersönlich.

»Hat er?« fragte ich hoffnungsvoll, als sie zurückkamen.
Er hatte nicht. Die Phantasie meines Mannes beschäftigte sich inzwischen mit Harnverhalten und Nierenstau. Er war vor lauter Sorge ärgerlich. In Südtirol stellten wir den Wagen in einen Feldweg und beschlossen Fuchsis wegen einen Spaziergang durch eine Obstplantage. Die letzten Äpfel leuchteten rotbackig aus dem dunklen Laub, es war der Hebbelsche Herbsttag par excellence: »Oh, stört sie nicht, die Feier der Natur / dies ist die Lese, die sie selber hält / denn heute löst sich von den Zweigen nur / was vor dem milden Strahl der Sonne fällt.«
Obwohl die halbe Stunde »Feier der Natur« das gewünschte Ergebnis wieder nicht gebracht hatte, wirkte sie doch besänftigend auf uns.
»Komm«, sagte ich, »wir wollen uns nicht verrückt machen. Laß uns nun durchfahren und nicht mehr unterbrechen. Es hat keinen Sinn. Er ist zu aufgeregt, zu abgelenkt von all dem Neuen. Es wird sich schon alles lösen.«
Es war längst dunkel, als wir in München ankamen. Fuchsi und ich stiegen in den fünften Stock hoch, während mein Mann das Auto in die Garage fuhr.
In der Wohnung war es stickig, ich riß als erstes die Fenster und die Balkontüren auf und ging dann Hände waschen.

Inzwischen kam mein Mann: »Irgendein Idiot gießt mitten in der Nacht seine Balkonblumen, daß es bis in den Hof hinunterplätschert!«
Es riß mich herum, ich rannte zum Balkon, ahnungsvoll. Fuchsi kam mir tänzelnd entgegen. Er hatte soeben die Blumen der vier unteren Etagen gegossen.

# 4.

Als *bastardo* hatte er seinen ersten Ausflug in die große Welt angetreten, mit einem »Rassehund« kehrten wir nach Florenz zurück.
»Was für ein entzückender Hund! Verzeihen Sie, mein Herr, was für eine Rasse ist das?« hatte eine zierliche alte Dame gefragt, als wir mit Fuchsi durch den Karl-Theodor-Park spazierten, um ihm eine Alternative zum Balkongießen zu bieten.
»Das ist ein echter Carpaccio«, antwortete mein Mann ernst und höflich.
»Oh! Wie interessant! Von dieser Rasse habe ich noch gar nie gehört.«
»Ja, das ist verständlich. Es ist eine sehr exklusive Züchtung, die man fast nur in der Toskana findet!«
»Ah! Wie interessant! Die Toskana, welch schönes Land. Und du bist nun ein Münchner, ist es dir nicht zu kalt bei uns, du hübsches Tier?«

Nein, dem hübschen Tier war nicht kalt. Es lag zu Füßen seines Herrn und gab ihm, der sein Leben lang fror, von seiner kuscheligen Wärme ab. Wir waren längst wieder ins Gehäus zurückgekehrt. Weihnachten war vorüber, die harte Zeit der tau-

send Zweifel war vorüber, der Weltschmerz war vorüber – mein Mann hatte zu schreiben begonnen.
Eremitenzeit, Fronzeit, Schöpfungszeit ...
Stille, Konzentration, Ringen, Geburtswehen, Schmerz, Wut, Erleichterung, Erlösung und immer wieder *da capo*. Immer wieder ein jungfräulich weißes Blatt Papier und immer wieder eine neue mit zierlicher Schrift eng bedeckte Seite. Ein letzter skeptischer Blick darauf, dann wanderte sie in die alte, vergilbte Mappe, die alle Manuskripte beherbergt hat. Das Häufchen wuchs, langsam, aber beständig. »Werkleute sind wir.«
Links und rechts neben dem Schreibtisch warteten die Gehilfen. Links der Adjutant in Fleisch und Blut.
»Gabs, schau bitte nach. Heißt es ›Johanna geht, und niemals kommt sie wieder‹, oder heißt es: ›... kehrt sie wieder‹.«
»Was für eine Johanna?«
»Gabs!!!« (Drei gesprochene Ausrufungszeichen, er sah nicht auf.)
»Entschuldige ... gleich ... Es heißt ›kehrt‹. Und übrigens gibt es schließlich mehrere Johannas. Bei Shaw und bei Brecht und sogar bei Goethe. Johanna Sebus. ›Der Damm zerreißt, das Feld erbraust ...‹ war mein Paradestück in der Schule.«
»Hm. Danke.«

Rechts, auf der Nonnenbank, die stummen Gehilfen: der Putzger, der Menge, der Kluge, der Lippersheide, Weltatlas, griechisches und lateinisches Lexikon. Und ein Schulbuch, Mittelstufe. »Damit ich weiß, was ich voraussetzen kann.«
Mühevolle Tage – für meinen Mann.
Köstliche Tage – für mich.
»Liebe Wurzel«, schrieb unser Hund nach Deutschland, »ist Dir auch manchmal langweilig? Mir ist furchtbar langweilig, seit Herrchen ein Buch schreibt. Er schaut immer so ernst, und singen und Klavierspielen tut er überhaupt nicht mehr. Früher hat er sich immer gefreut, wenn ich mit Karacho den Fußabstreifer ins Wohnzimmer schleuderte, und dann haben wir dran gezerrt und miteinander gerangelt, daß die Fetzen flogen. Jetzt merkt er es gar nicht, oder er sagt nur: Dem Hund ist langweilig, geht doch spazieren!
Aber ohne ihn ist auch das Spazierengehen nur der halbe Spaß.
Gott sei Dank hat er gestern eine Schreibpause machen müssen. Frauchen und Herrchen sind nämlich jetzt ein Jahr hier, und da haben sie alle Leute, die ihnen am Anfang geholfen hatten, zum pranzo ins Ristorante Cent' Anni eingeladen. Es heißt Cent' Anni, weil es hundert Jahre alt ist. Es gab Lasagne al forno, dann Pollo alla Cent' Anni (das Huhn war aber nicht hundert Jahre alt) mit

frischen Erbsen und Pommes frites und danach Torte und Kaffee.
Es waren da der Pfarrer, der hatte noch eine Zigarre, die Herrchen ihm im vorigen Sommer geschenkt hatte – die rauchte er mitsamt der Banderole. Dann die Anna, die extra erst am Tag danach zum Zähnereißen ging, damit sie noch gut beißen konnte. Und der Bruno natürlich, der mich immer Fufi rrrrraus nennt – aber der war schon vorher beim Zahnarzt gewesen und konnte kein pollo essen und auch nicht lachen.
Angiolina, die Gärtnersfrau, die uns immer Staudenableger schenkt, war furchtbar aufgeregt, und es stellte sich heraus, daß sie noch nie in einem Restaurant gewesen war, und sie ist auch noch nie mit der Eisenbahn gefahren. Der giardiniere, ihr Mann, war viel weltmännischer. Er hatte gleich einen Schwips und sagte immer cin-cin.
Die Gattin von Bepe war ganz herrlich anzuschauen, sie trug ein dreiteiliges Perlencollier, da ist die Königin von England nichts dagegen! Kastaniengroße Perlen, sag ich Dir, es schimmerte nur so die ganze Vorderfront hinab. Sie trug auch schwarze Lackpumps, aber da ihr am Morgen wegen des Wetterwechsels das Bein zu einer Säule angeschwollen war, konnte sie mit der Ferse nicht in den Schuh rein, sie war nur mit den Zehen drin. Sie war mit ihrem Gemahl auf der Vespa angekommen, und von dem Gewicht der

beiden bekam die Vespa einen Platten, und wir mußten den Bepe und die Königin von England hinterher im Auto mit heimnehmen.
Der maresciallo der Carabinieri war nicht gekommen; er konnte nicht, weil er unterwegs war, um ladri zu fangen. Aber er hat uns die Gefängniszelle der Station gezeigt, die für Frauen und die für Männer. Für Hunde gibt's keine – es ist immer gut, so etwas zu wissen.
Dann war noch der postino eingeladen, der wegen unserer vielen Post immer extra den Berg raufknattern muß mit seinem motorino. Er hatte die Post gleich mitgebracht. Der giardiniere – cincin – sagte, er würde auch gern mal einen Brief bekommen – cin-cin, und da lachten alle, weil er nämlich nicht lesen und schreiben kann.
Herrchen hatte eine Tischordnung ausgeklügelt, die ihn davor schützte, Zeuge aller Eßvorgänge zu sein. Neben sich hatte er die Anna plaziert, gegenüber Frauchen und den Pfarrer. Er aß ungewöhnlich rasch, aus Angst, aber alle handhabten tapfer Messer und Gabel, die sie fest und weit vorn im Griff hatten, keiner rutschte aus.
Als Herrchen mit dem Essen fertig und sozusagen aus der Gefahrenzone raus war, sagte er leutselig: ›Pollo ißt man am besten mit den Fingern‹, und das war ein erlösendes Signal, sag ich Dir, dann ging's erst richtig los, Frauchen immer feste dabei. Bis vier Uhr hat das pranzo gedauert. Dann gaben

alle dem leicht erblaßten Spender zum Abschied die Hand, die kurz vorher noch das pollo gehalten hatte, und die Damen küßten Frauchen auf beide Wangen.
Herrchen war danach wie gerädert. ›Daß dir das alles nichts ausmacht‹, sagte er. ›Ja mei‹, grinste Frauchen, ›ich bin halt kein solcher Ästhetenpinsel wie du, ich komm aus der Hefe des Volkes.‹
Übrigens hab ich reichlich pollo abbekommen, als die Schlacht noch in vollem Gange war. Es war wirklich ein schönes Fest.
Aber jetzt ist es wieder langweilig. Schreib mir doch mal. Ciao!

Dein Freund Fuchsi.«

## 5.

Der Frühling beginnt auf unserem Hügel beinahe noch früher, als das Herz ihn zu träumen wagt. Es ist Anfang Februar, man tritt ans Fenster und schaut in den blassen Himmel oder auf die Stadt hinunter, die in grauem Dunst liegt. Der Giotto-Turm ist kaum zu erkennen, die Domkuppel errät man mehr, als man sie sieht. Der Arno hat die Farbe von Blei. Es hat wieder keinen Schnee gegeben dieses Jahr. Dies ist das übliche Winterbild.

Die Augen wandern weiter über die dunklen Lorbeerbüsche und die Zypresse im Garten, über das winterstarre, kahle Geäst der Kastanie, über die Olivenbäume, die aussehen, als frören sie. Plötzlich meint man, etwas entdeckt zu haben und will es nicht glauben. Man rennt hinaus, und siehe da: Der uralte Mandelbaum steht in voller Blüte.

Oder man geht durch den nahen Wald, die Wege sind glitschig, verfaultes Gras säumt die Ränder, morsche Zweige liegen herum, es riecht modrig, die krüppeligen Eichen tragen noch das verdorrte Laub des Vorjahres. Man arbeitet sich durch das Brombeergestrüpp, und auf einmal

stockt der Schritt: Ein Mimosenbaum leuchtet in strahlendem Gelb.
Und nun folgt Wunder auf Wunder: An den Mauern, die gegen Süden stehen, beginnt der Rosmarin zu blühen, die ersten Bienen summen in der blauen Wolke.
Anfang März stehen die Äcker voll wilder Märzenbecher, ihnen folgen in zartem Lila und dunklem Rot die großblumigen Anemonen.
Die Bauern haben die Pfirsichbäume beschnitten und lassen die Zweige voller rosa Knospen achtlos auf der Erde liegen. Ich bringe ganze Arme voll nach Hause, es blüht in allen Vasen.
»Hundert Märzenbecher! Weißt du, was die in München kosten würden? Bestimmt vierzig Mark! Und die Pfirsichblüten – sagen wir drei Mark pro Zweig, macht dreißig Mark. Ist das nicht enorm – ich habe siebzig Mark gespart!«
»Ja«, lacht mein Hieronymus, »so wird man reich.«
Nach den Anemonen ist die Reihe an den wilden Tulpen. Sie leuchten wie rote und gelbe Flämmchen aus dem hochgeschossenen, satten Gras.
Sonntags kommen nun die Florentiner herauf, man hat, noch im wärmenden Pelzmantel, zum erstenmal auf der überdachten Terrasse des *Ristorante Gargotta* gespeist, und nun genießt man »Das Erwachen der Natur«. Die Herren hören im Schlendern aus dem Transistorradio das Fußballspiel Fiorentina gegen Inter, die Damen pflücken

das spärliche Sträußchen, das der Wegrand hergibt, denn hohe Absätze und die Erdschollen der Äcker vertragen sich nicht. Auf dem Rückweg zum parkenden Auto rupfen sie noch ein Zweiglein von unserem Rosmarin, der über die Mauer hängt.

Fuchsi und ich aber machen unseren täglichen Inspektionsgang querfeldein und berichten den Frühling ins Gehäus: Die erste Eidechse hat in der Sonne gebadet; an der Friedhofsmauer blühen die ersten blauen Schwertlilien; die Katze vom Bauern Chiari hat Junge; der Flieder ist am Aufbrechen; die Kröten laichen im Weiher. Und das erste Schwälbchen hat sich sehen lassen.

Unterwegs ist uns die Dame aus der Villa mit der schönen Nachtmusik begegnet. Sie hat den Fuchsi mit *signorino* angeredet, sie scheint ihn zu kennen. Sie heißt Cappellini, Frau Hütchen also, und sie bat darum, daß wir sie besuchen. »Venga, venga con Suo marito!« Sie wiederholte es immer wieder mit so einladenden Gesten, als wären wir Hänsel und Gretel und ihre Villa das Knusperhäuschen. Wir werden hingehen müssen.

Auch mein Hieronymus hat Neuigkeiten: Er hat das schwierige Kapitel, das ihm so zusetzte, beendet.

»Jetzt wird es leichter werden. Ich glaub, ich bin über den Berg.«

Und Mila hatte ihn besucht. Sie war nicht allein

gekommen, ein großer, heller Rüde hatte sie begleitet und wartete, ganz Kavalier, vor der Haustür auf sie.
Frühling! Überall Frühling!
»Kannst du denn nicht eine Pause machen, jetzt, wo das Kapitel geschafft ist? Es ist doch gleich Mai, Junge! Wenn wir Herr und Frau Uhland wären, dann würd ich dich jetzt beim Wort nehmen:

›... es blüht das ganze weite Tal,
nun, armes Herz, vergiß die Qual,
es muß sich alles, alles wenden.‹«

Mein Mann lachte.
»Denkste! Nichts mit armes Herz! Mit einem resoluten ›Ludwig, aufschtehe, dichte!‹ hat sie ihren Gatten vom Mittagsschläfchen hochgejagt und an den Schreibtisch befohlen.«
»Also gut, dann eben nicht Frau Uhland. Laß mich nachdenken ... Ich hab's! Dann bin ich eben Frau Friedrich von Spee: ›Geh aus, mein Herz, und suche Freud!‹«
»Gabsl!! Er war Geistlicher!«
»So? Dann entschuldige. Aber recht hat er trotzdem. Schau, bald ist die Herrlichkeit vorbei. Der *chiù* hat schon gerufen, und das bedeutet, sagt der Chiari, daß bald die große Hitze kommt.«
»Wer ist der chiù?«

»Das ist, laut Langenscheidt, die Ohreule.«
»Ohreule! Typisch Langenscheidt. Hat der Uhu keine Ohren?«
»Ist doch egal. Genehmigst du dir nun ein Frühlings-Abschieds-Päuschen?«

*

Schön war die Pause, voll von dem kleinen Krimskrams des Lebens, der wie Balsam wirkt für ein beschwertes Herz.

> Weißt du, wieviel Sternlein stehen?
> Nein, mein Freund, ich weiß es nicht.
> Oleander haben lanzen-
> förmig schmale Blätter. An
> San Benedetto kehren
> unsere lieben Schwalben heim.
> Weißdorn heilt
> und Nieswurz tötet.
> Dieses weiß ich. Sollt im Leben
> ich mich nicht zufrieden geben?
> Gräser streicheln mein Gesicht.
> Die Zahl der Sterne weiß ich nicht.

Schön war die Pause. Und einen Höhepunkt hatte sie auch: Fuchsis Geburtstag.
»Liebe Wurzel«, berichtete er in seinem nächsten Brief nach Deutschland, »stell Dir vor, ich habe

Geburtstag gehabt. Das ist so herrlich, daß ich am liebsten jeden Tag Geburtstag hätte. Am Morgen kamen meine Leute gemeinsam die Treppe runter, was sonst nie passiert, weil Herrchen immer noch ›nachdruscheln‹ muß. Dann riefen sie: ›Alles Gute! Alles Gute! Der Hundi hat Geburtstag!‹ Anschließend gaben sie mir ganz feierlich die Pfoten, und dann legte Herrchen den Badenweiler Marsch auf, und Frauchen und ich tanzten dazu. Danach bekam ich gleich eine Wurst auf nüchternen Magen und den ganzen Tag über jede Menge Grissini und Biscotti und Bisteccaknochen. Dann hat Herrchen eine Rede auf mich gehalten:
›Fuchsi‹, hat er gesagt, ›ich gratuliere dir, daß du so ein erfreulicher Kerl geworden bist. ‚Dem Hunde, wenn er gut gezogen, wird selbst ein weiser Mann gewogen', mußte schon Goethe zugeben, obwohl er Hunde nicht mochte. Als du noch klein warst, war ich manchmal nahe daran, dich zu ‚derwerfen', wie Frauchen sich auf gut bayrisch ausdrückt. Aber jetzt schätze und liebe ich dich. Bleib weiter so ein kluger, lustiger Kerl. Amen.‹
Am Nachmittag kamen Don Ruggiero und all die Damen, die mich versorgt hatten, damals, als ich noch bei den Hühnern und Karnickeln lebte und noch kein Feiner-Leute-Hund und reinrassiger Carpaccio war. Es gab Spumante mir zu Ehren, und als sie alle da standen und cin-cin sagten, dachte ich, jetzt mußt du ihnen was bieten! Ich

raste durch das ganze Zimmer und sprang mit einem Satz in den verbotenen Polstersessel, und weil ich so viel Schwung hatte, krachte der Sessel mit mir in die Bücherwand, und es gab einen herrlichen Knall. Alle freuten sich sehr, und Frauchen lachte Tränen, sie mußte sich von ihrem Mann wieder mal das Taschentuch ausleihen, denn selber hat sie keins.
Hast Du auch Geburtstag? Schreib es mir. Ciao, Ciao!

Dein Freund Fuchsi.«

*

Längst hatte der *chiù* zu rufen aufgehört, der Sommer war da. Wir saßen im Gehäus, tranken den mittäglichen Espresso und schauten den Wölkchen zu, die aus meines Mannes *early-morning-pipe* aufstiegen und langsam durch das offene Fenster in den Sonnenschein hinausschaukelten. Gerade hatten die Kirchenglocken ihr Mittagsgeläut eingestellt; nun bimmelten sie noch ein bißchen nach, wie immer, wenn nicht der Pfarrer persönlich den Glöckner spielte, sondern die Petersilie die Seile zog.
»Wo steckt eigentlich unser Hund?«
»Gleich wird er erscheinen, es ist Fressenszeit.«
Von Herrn Wohlgeborens Terrain klang Gehämmer und ein monotones Radiogebrabbel herüber,

ein Zeichen, daß er wieder an der Vollendung seiner Trutzburg werkelte.
»Dieses Radiogesäusel wird allmählich lästig«, sagte mein Mann, »hoffentlich ist der Mensch bald fertig mit seiner Bruchbude.«
Plötzlich brach ein ohrenbetäubendes Gejaule und Gekläffe los, und dazwischen brüllte Herr Wohlgeboren sein ganzes beachtliches Repertoire von Flüchen herunter. Es hörte sich bedrohlich nach Kampf und Beißerei an.
Ich lief hinaus und zum Zaun hinüber. Auf der Straße, die uns von Herrn Wohlgeborens Festung trennt, war die gesamte männliche Hundewelt der Gegend versammelt vom Schäferhund bis zum Zamperl, alle noch mit gesträubtem Fell und sich unter bedrohlichem Geknurr umkreisend und gleichzeitig auf der Hut, nicht von den Wurfgeschossen getroffen zu werden, mit denen Herr Wohlgeboren sie zu verjagen suchte.
Es gelang ihm nicht. Eisern harrten sie vor den Barrikaden aus, hinter denen, unerreichbar, Herrn Wohlgeborens Hündin duftete. Unter den Freiern, ich traute meinen Augen nicht, war auch Fuchsi.
»Was machst du denn für Geschichten!« sagte ich, als ich ihn, vorsichtig die Meute vermeidend, an der Leine nach Hause holte. »Du bist doch noch viel zu jung für solche Abenteuer. Schäm dich!«

Aber er schämte sich kein bißchen. Es hatte ihn gepackt! Vergessen waren mit einem Schlag all die bewährten Riten: das morgendliche Empfangszeremoniell für Herrchen, das »Wirf-mir-den-Apfel-Spiel«, das »Ja-wo-ist-denn-deine-Aktentasche-Spiel«, das Grissini-Schnappen, die Postboten-Verfolgung, die Eichhörnchen-Jagd, das »Such-das-Katzi-Spiel«. Es gab nur noch eines: am Zaun sitzen und ins Schlaraffenland hinüberstarren, den lieben, langen Tag.
Er tat uns leid.
»Bennati«, sagte mein Mann zu Herrn Wohlgeboren, als er ihm auf der Straße begegnete, »wie lange wird die Belagerung noch dauern?«
»Porca miseria«, antwortete der in seiner gepflegten Ausdrucksweise, »Signore, ich könnte platzen vor Wut. Da verbarrikadiert man sich, daß keine Maus durchkommen kann, und dann springt der Apothekerköter von seiner Terrasse herunter auf das Dach von meinem Hühnerstall, das sind fast drei Meter, und statt sich die Haxen zu brechen, landet er bei meiner Hündin, und schon ist es passiert.«
»Na ja, Bennati, so schlimm ist das doch nicht.«
»Und ob das schlimm ist, Signore. Wissen Sie, die Sch... Politiker in Rom könnte ich eiskalt umlegen, alle miteinander, aber einen Wurf junger Hunde... das geht mir an die Nieren. Sechs Stück hat sie geworfen, das letzte Mal, als die Mauer

noch nicht fertig war. Sechs Stück! Ich darf gar nicht daran denken!«
»Bennati«, tröstete ihn mein Mann, »vielleicht werden's diesmal nicht sechs, sondern nur drei. Und der Labrador des Apothekers ist ein schöner Hund, das gibt bildhübsche Kinder. Sie werden mit Sicherheit gute Plätze für sie finden.«
»In Gottes Ohr, falls es einen gibt, was ich nicht glaube.«
Er schickte sich an, weiterzugehen. Fuchsis Herr legte ihm die Hand auf die Schulter.
»Bennati«, sagte er, »wenn's nun schon mal passiert ist und nicht mehr zu ändern: Könnte da nicht mein Hund noch zu seinem Vergnügen kommen?«
Bennati begriff nicht gleich. Dann lachte er.
»Ach so! Aber das sage ich Ihnen, Signore, wenn's mehr als drei werden, gehen die aufs Konto vom signorino, und dann liefere ich sie bei Ihnen ab.«
Tags darauf öffnete Herr Wohlgeboren Fuchsi das Tor zum Paradies. Weitere Starthilfen waren nicht mehr vonnöten. In Zukunft gestaltete Fuchsi sein Liebesleben allein und souverän. Das Flair des Abenteurers umgab ihn, wenn er zu seinen Rappelzeiten mit zerfetztem Ohr oder hinkend oder bestialisch nach Schafsmist duftend, mit von Kletten verfilztem Fell und hungrig nach Hause kam. Manchmal kam er gar nicht.

»Daß der Strolch jetzt sogar die Nacht über wegbleibt, geht zu weit!« ärgerte sich sein Herr. Dann holte er das Auto aus der Garage, und mit offenem Verdeck fuhren wir langsam auf den mondbeschienenen Feldwegen von Gehöft zu Gehöft in weitem Bogen um das Dorf. Ich hatte besänftigend den Arm um seine Schulter gelegt. Die Nacht war so schön, so friedvoll, so heilig. Wir waren allein auf der Welt. Bleib stehen, Zeit!

Plötzlich, von irgendwoher, tauchte unser Hund aus dem Dunkel auf. Er hatte das Motorengeräusch erkannt, er verwechselte es nie. Er kam angerannt, mit fliegenden Ohren, atemlos, jappsend, hechelnd, und ohne die geringste Spur von schlechtem Gewissen war er mit einem Satz im Wagen.

»Ja, pfeif nur durch die Nase! Das ist bodenlos, wie du dich aufführst!« schimpfte mein Mann. »Das geht wirklich nicht so weiter. Du wirst noch einmal als Kettenhund enden!«

»Wie dein armes Herrchen!« ergänzte ich und gab meinem zweibeinigen Kettenhund einen Kuß auf die Nase.

# 6.

Wir bemerkten ihn zum erstenmal im Vorüberfahren. Er saß, ein Häufchen Hund, inmitten des staubigen Parkplatzes, der zum *Ristorante Gargotta* gehört, zweihundert Meter von unserem Haus entfernt, und schüttelte heftig und andauernd seinen Kopf, als wollte er sich von etwas Lästigem befreien.

Als wir zwei Stunden später aus der Stadt zurückkamen, saß er noch auf demselben Fleck und schüttelte sich noch immer, daß seine Schlappohren nur so flogen. Er schien in Not zu sein. Kein Mensch weit und breit.

Wir verließen unser Luxusgefährt, den Cinquecento, und gingen zu ihm hin.

»Ja, du armes Hunderl! Was hast du denn? Was ist denn los mit dir? Zeig doch mal dein Ohrwaschl, du Spatzl.«

Der Hund nahm gar keine Notiz von mir, er schüttelte sich weiter, und zwischendurch versuchte er, mit seiner Hinterpfote sein Ohr zu kratzen.

»Er reagiert gar nicht!«

»Vielleicht versteht er kein Bayrisch«, frotzelte

mein Preuße und gab ihm einen international verständlichen Begrüßungsklaps aufs Hinterteil. Eine Staubwolke erhob sich. Der ganze Kerl staubte wie ein Mop beim Ausschütteln. Der Blick in seine Ohren, den er uns endlich genehmigte, war überwältigend: Sie sahen aus, als seien sie mit Marmelade gefüllt. »Brombeerpastete, Osias Beert«, kommentierte mein Experte. Wir waren, wie immer, wenn wir in die Stadt fuhren, auf einen Sprung in den Uffizien gewesen, bei den Niederländern diesmal.

Wir beschlossen, die Brombeerpastete mitzunehmen und sie nach Verwandlung in einen sauberen Hund wieder zurückzubringen. Er trug weder Halsband noch Hundemarke, aber gewiß gehörte er in eines der umliegenden Häuser. Er wirkte nicht verhungert, er war nur sehr verwahrlost.

Fuchsi, der uns wie immer am Törchen erwartet hatte, schien ihn zu kennen und hielt eine nähere Kontaktaufnahme für unter seiner Würde. In sicherem Abstand von Gartenschlauch und Seife sah er der Generalreinigung des Kollegen zu.

Als sie beendet war, die Ohren ausgeräumt, die Zecken entfernt, der ganze Kerl gewaschen und gebürstet – als er sich nicht mehr schüttelte, juckte, kratzte, hatten wir Muße, ihn zu betrachten.

Eine Schönheit war er nicht. Er sah *buffo* aus. Zu

seinen Multikulti-Vorfahren hatte bestimmt ein Dackel gehört, aber eben nur einer. Er hatte die krummen Beine und war so hoch wie ein Dackel, jedoch viel länger. Die Gesetze der Ästhetik hätten ein drittes Paar Beine erfordert, damit die Proportionen stimmten und er in der Mitte nicht durchhing. Sein struppiges Fell war in einem hellen Beige und Grau meliert, recht hübsch. Darüber trug er – und das war ausgesprochen originell – einen eleganten, seidigen Fransenüberwurf, der auf seinem Rücken einen Mittelscheitel bildete und auf beiden Seiten wie eine Schabracke herunterhing. Daß er so *buffo* aussah, verdankte er nicht zuletzt diesem extravaganten Ausstattungsstück. Welcher Ahn es ihm vererbt hatte, war schwer zu erraten. Mein Mann tippte auf Ziegenbock, ich tippte auf Löwe.

Auch der Miniaturlöwe schien nun, nach all den Anstrengungen der unfreiwilligen Toilette genauer Notiz von uns zu nehmen. Er saß da, den Kopf zur Seite geneigt, und sah zu uns hoch. Seine Augen, seltsam harte, schwarze Lackknöpfchen, starrten uns an. Sie hatten nicht den hübschen dunklen Lidstrich, wie er Fuchsis warme Bernsteinaugen umrahmte, sie wirkten kalt. Er machte auch keinen Versuch, näher mit uns anzubandeln. Schließlich beendete er die Musterung, erhob sich und ging, eine Terracottaschale zu signieren.

Höchste Zeit, ihn zurückzubringen. Es war inzwischen Nachmittag geworden.
Ich trug den Löwen ins Auto und fuhr mit ihm zur Fundstelle zurück. Dort, wo von den Korkeichen etwas Schatten auf den in der Sonne brütenden Parkplatz fiel, setzte ich ihn ab.
»So, Hundchen, nun geh schön zu deinen Leuten, und zeig ihnen, wie blitzsauber du bist«, sagte ich und strich noch einmal über seine skurrile Fransendecke. Er hörte mir zu, ohne zu schwanzeln, blieb sitzen in seiner alten Häufchen-Hund-Pose und sah mir nach. Übrigens hatte er nicht ein einziges Mal gebellt. Welcher seiner edlen und weniger edlen Vorfahren ihm wohl die Stimme vererbt hatte? Der Löwe? Der Ziegenbock? Der Dackel? Ob sie so *buffo* war wie der ganze Kerl?
Ich fuhr schnell weg.
Als ich in der Garage aus dem Wagen stieg, saß er vor mir. Seine schwarzen Knopfaugen sahen mich starr an.
»Nein, das geht zu weit!« rief ich ärgerlich. (Ich war nicht ärgerlich.)
Ich nahm ihn auf den Arm, spürte, wie sein kleines Herz vom Laufen klopfte, und trug ihn zum Parkplatz zurück.
Dort waren inzwischen die Buben von Bepe beim Fußballspielen.
»Hört mal, ragazzi, kennt ihr den Hund?«
Sie nickten.

»Wem gehört er?«
Sie zuckten die Achseln.
»Wißt ihr denn, wie er heißt?«
Sie nickten.
»Seid ihr stumm? Na, wie denn?«
»Bobby«, sagte endlich der eine.
Nun hatte auch der andere die Sprache wiedergefunden. »Bobby Solo«, ergänzte er.
»Bobby Solo? Nach dem Sänger, der in San Remo gewonnen hat?«
»No, Signora. Früher hieß er bloß Bobby. Jetzt heißt er Bobby Solo, weil er solo ist.«
Mir wurde flau im Magen. Ich hätte gern nicht weiter gefragt.
»Wieso ist er solo? Wieso ist er allein?«
»Seine Leute sind weggezogen.«
»Und haben ihn einfach zurückgelassen?«
»Si, Signora.«
»Ja, und wo lebt er jetzt?«
»Hier.«
»Was heißt hier?«
»Hier, beim Blacky. Der ist sein Freund.«
Blacky kannte ich natürlich. Sein Herr bezeichnete ihn als Schäferhund und hielt ihn sich als Statussymbol. Das ist verständlich, wenn man bedenkt, daß Blacky die Größe eines stattlichen Kalbes hatte, während sein Herr ganz seinem Spitznamen *pagliuzza* entsprach, was soviel wie Strohhalm heißt.

Auch in den Details lenkte das Statussymbol von der traurigen Wirklichkeit ab. Blackys kräftiges Kälbergebiß wertete sozusagen den einsamen Schneidezahn auf, der im Munde von Herrn Strohhalm die Stellung hielt. Konrad Lorenz würde ihn einen Komplementärhund genannt haben.

Daß Blacky Blacky hieß, obwohl sein Fell keine Spur von Schwarz aufwies, war nicht etwa einer anglophilen Neigung Herrn Strohhalms zuzuschreiben, sondern seiner Intelligenz. Blacky lebte, da er für die Behausung Herrn Strohhalms zu gewaltige Proportionen hatte, auf dem Parkplatz. Hier hielt er seine Nickerchen bei Sonnenschein und Regen, hier harrte er der sugo-getränkten Nudelreste und imposanten Bisteccaknochen aus der *Gargotta*, hier schlief er des Nachts an eine Hauswand gedrückt, und hier fand auch die morgendliche Ego-Stärkung des Herrn Strohhalm statt, wenn er mit gebieterischer Strenge Blacky »bei Fuß« befahl und der gutmütige Kerl dann seine steifen Knochen zusammensammelte und zum Befehlsempfang herbeitrottete. Je nachdem, ob Herr Strohhalm dann mit seinem Motorino zur Arbeit brauste (selten) oder sich zum Frühschoppen in die Kommunistenkneipe begab (meistens), mußte Blacky dem Motorino hinterhertraben oder hatte den Tag frei.

Heute schien er frei zu haben, denn noch wäh-

rend ich überlegte, was mit Bobby zu tun sei, kam er im Bummeltrab um eine Hausecke gekurvt. Welch ein Glück!
»Blacky, schau, der Bobby wartet auf dich!«
Ich legte ihm schnell den Kleinen vor die Füße, bat die Buben, ihn festzuhalten, falls er mir wieder nachlaufen sollte, und rannte schnell weg. Uff!

✲

Es war elf Uhr abends, als mein Hieronymus seine Arbeit beiseite legte. Immer habe ich ihm ansehen können, ob er mit dem Tagespensum zufrieden war oder nicht. Mein Herz erriet es jedesmal, es täuschte sich nie. Man konnte ihm nichts anmerken, denn er wärmte sich nie an den eigenen Kohlen, und wenn er litt, verbarg er es. Also, woran lag es? Ich glaube, es war die beste Gabe, die eine gute Fee mir in die Wiege gelegt hatte.
Heute schien es trotz der Störung durch die Brombeerpastete gut vorangegangen zu sein, und ich freute mich.
Unsere Gute-Nacht-Stunde konnte beginnen, die Stunde, die ich über alles liebte, die Stunde, die wir ironisch-zärtlich »unser letztes Stündlein« nannten.
Die Fenster im Gehäus standen offen, ein Windchen hatte sich erhoben und drückte den Duft der

Linde ins Zimmer. Im Norden, hinter der Stadt, blitzte es.
Fuchsi schüttelte sich ein Vorweg-Schläfchen aus dem Fell und kam, von unseren Stimmen angelockt, eifrig herbei. Auch er liebte »das letzte Stündlein«, er gehörte dazu. Mein Mann begrüßte ihn und nahm die dargebotene Pfote, gab ihm ein Grissini auf die Nase, das der Hund virtuos hochwarf, fing und mit Hochgenuß verspeiste. Dann nahm er zwischen uns Platz, ganz Aufmerksamkeit, ganz Bereitschaft, sein Steh-Ohr zum Lauschangriff gespitzt.
Mein Mann hatte inzwischen unsere Pfeifen gestopft, er setzte erst meine in Brand und reichte sie mir, dann zündete er sich seine Parker an. Wir sahen den Rauchwölkchen zu, die sich emporkringelten.

Da rauch ich so mein Piepchen
und schaue auf mein Liebchen
und fröne meinen Triebchen.
Ich bin ein Tagediebchen.

Altmodisches Glück hatte er diesen Vierzeiler genannt. Kann Glück altmodisch sein?
»Erzähl!« sagte mein Mann. Er hatte es gern, wenn ich ihm zur Nacht allerlei italienischen Krimskrams vorschnurrte. Es erheiterte ihn und half ihm, sich von den Gedanken an die Arbeit zu

lösen. Für dieses nächtliche Erzählen gab es eine vorgeschriebene Form, die sogenannte »Bin-ich«-Form: Alle Sätze mußten mit den Verben sein oder haben beginnen. Wir hatten diesen Sprachunfug bei einem sehr modernen Autor entdeckt und zu unserem Spaß bis ins Extrem gesteigert.
»Bin ich ...«, sagte mein Mann als Aufforderung, und ich erzählte: »Bin ich noch auf der Post gewesen. Hab ich zehn Briefmarken à sechshundert Lire verlangt. Hat die Schalterdame ihren Taschenrechner genommen und zehn mal sechshundert eingetippt. Ist doch tatsächlich sechstausend rausgekommen. Hab ich das Geld schon vor Ablauf des Rechenvorgangs passend hingelegt. Hat sie mich für ein mathematisches Genie gehalten ...«
Er lachte.
»Weiter!«
Ich hätte von Bobby erzählen können, davon, daß er mir in die Garage nachgerannt war. Und daß er herrenlos auf dem Parkplatz hauste. Und daß der Strohhalm-Blacky sein Freund war, und daß sie nebeneinander stehend aussahen wie ein Schiff mit Beiboot. Aber ich tat es nicht. Ich wollte sein Herz nicht beschweren.
Inzwischen war der Wind heftig geworden. Die Bäume rauschten und ächzten, ein aufgescheuchter Vogel rief ganz in der Nähe. Ich stand auf und schloß die Fenster.

Plötzlich, wie aus heiterem Himmel, sagte mein Mann: »Du weißt, daß wir keinen zweiten Hund brauchen können.«
»Ich weiß.«
Es fing zu donnern an, das Gewitter kam näher. Und noch während wir, gebrannte Kinder, Kerzen und Streichhölzer und Taschenlampen bereitlegten, die Wasserpumpe abschalteten und die Stecker von Telefon und Fernseher herauszogen, war es auch schon da. Es blitzte und krachte eine halbe Stunde lang. Wir standen am Fenster und sahen dem Schauspiel zu. Wie eine Fata Morgana tauchte für Augenblicke aus dem Dunkel die Domkuppel im bengalischen Licht der Blitze auf. Dann setzte der Regen ein, es schüttete. Wie gut für die dürstende Erde, wie gut für unsere Olivenbäume! Ich dachte an Bobby, für den es nicht gut war. Wo er sich wohl verkrochen hatte?
Ich holte uns etwas zu trinken. Auch Pan, der Herr unseres Gartens, unser Wettergott, bekam einen Schluck als Dank für die Regenspende.
Ach, es war so gemütlich, unser »letztes Stündlein«.
»Da rauch ich so mein Piepchen ...« Wir hörten dem Rauschen des Regens zu. Er wurde allmählich schwächer, und schließlich hörte er ganz auf.
»Jetzt muß die Luft köstlich sein. Komm, laß uns noch vor die Tür schauen!«

Wir schlenderten, Fuchsi im Schlepptau, zur Haustür und öffneten sie.
Direkt davor saß, triefend vor Nässe und zitternd, das Häufchen Hund. Seine schwarzen Knopfaugen starrten uns an.
Mir klopfte das Herz.
Einen langen Augenblick war es ganz still.
»Nun nimm den Köter schon rein!« sagte endlich mein lieber Mann.
»Der Köter heißt Bobby«, antwortete ich.
So kam Bobby Solo, so kam Bobby Einsam zu uns.

✲

Er blieb ein halbes Jahr.
Als ich am nächsten Morgen in die Küche trat, lümmelte er in Fuchsis Bett. Er lag auf dem Bauch, die Vorderbeine und die Hinterbeine »ausgefahren«, so daß er wirkte wie ein Löwenfell en miniature. Es war aufreizend. Ich begrüßte Fuchsi, bedauerte ihn, die Nacht auf dem blanken Küchenboden verbracht haben zu müssen und entschuldigte mich für den Asylanten, den wir ihm da zugemutet hatten. Um ihm zu zeigen, daß er natürlich unser Hund Nummer eins war und blieb, kümmerte ich mich vorerst nicht um Bobby, sondern nahm die Morgenzeremonie vorweg, die ja eigentlich erst bei Erscheinen von Herrchen vonstatten zu gehen pflegte: Ich trat mit Fuchsi

vor die Tür und warf unter vielen Anfeuerungen und von freudigem Gebell begleitet seinen Morgenapfel so weit ich konnte in den Garten, und Fuchsi sprang in hohen Sätzen seinem Frühstück nach.

Hinter ihm her wieselte auf seinen kurzen Beinen (Laufwarzen nannte sie mein Mann) Bobby, als sei es das Selbstverständlichste der Welt.

Er fühlte sich offenbar sehr wohl.

Mit einem lachenden und einem weinenden Auge sahen wir der vollen Entfaltung seiner facettenreichen Persönlichkeit zu.

Sein besonderer Ehrgeiz schien zu sein, den Hund Nummer eins zu überbieten. Wenn Fuchsi ein vorüberfahrendes Auto verbellte, kam Bobby angeschossen und kläffte, als wüteten zehn Köter. Wenn Fuchsi unser Nachhausekommen mit einem Freudentanz feierte, legte auch Bobby los: Er bellte nicht, er schrie!

Bald unternahm er auch Ausflüge, wie es ihm paßte. Er war so klein, daß er durchs Gartentor schlüpfen konnte. Von diesen Unternehmungen brachte er erbärmlich stinkende Knochen heim, mit denen er zuerst knurrend vor Fuchsi auf und ab paradierte, um sie dann im Garten, in der lockeren Erde der Blumenbeete zu verbuddeln.

Fuchsi empfand ihn als ausgesprochen lästiges Anhängsel, mein Mann litt unter dem Lärmmonomanen. Wie sollte das weitergehen?

Punkt ein Uhr bestand er auf seinem Mittagsmahl. Er setzte sich vor den noch leeren Napf, als wartete er im Restaurant auf den Oberkellner. Es fehlte nur, daß er sich eine Serviette umband. Wenn der Service nicht auf die Minute klappte, schimpfte er. Wenn wir manchmal erst nachmittags aus der Stadt zurückkamen, war er beleidigt und begrüßte uns nicht. Er hatte dann bereits bei seinem alten Freund Blacky gespeist. (»Plebs darf mit dem Turnus der Mahlzeiten, ohne schwere physische Schäden davonzutragen, nicht aussetzen«, zitierte ich aus den »Rosen für Apoll«.)
Punkt neun Uhr abends – er schien eine exakt gehende innere Uhr zu haben – verließ er uns sang- und klanglos und ging in sein Bett. Nein, er legte sich in Fuchsis Bett und erst, wenn wir ihn dort überraschten, machte er einen Hüpfer hinüber in sein eigenes Körbchen. Wirklich, er war recht aufreizend.
Das Aufreizendste aber war, daß er sich als Erotomane entpuppte.
»Du spinnst wohl! Wir sind hier nicht im Puff!« pfefferte mein Mann ihn an, als er zum erstenmal mein Bein zum Liebesobjekt erkor und sich anschickte, es in sehr eindeutiger Weise zu umklammern.
Es stellte sich heraus, daß er ein Waden-Fetischist war und, wenn ihn der Rappel packte, jedem erreichbaren Frauenbein »seinen Antrag machte«.

Zwar ließ er mich in Ruhe, nachdem seine Versuche ihm übel bekommen waren, aber ganz zu trauen war ihm nie. Wenn wir Damenbesuch erwarteten, leinten wir den Lüstling vorsichtshalber im Garten an.

Auch in seinen Träumen schien er recht häufig im Venusberg zu weilen – ich sage nichts weiter.

Die erotischen Turbulenzen erreichten ihren Höhepunkt, als die Hündin von Herrn Wohlgeboren wieder einmal läufig war und für Hundenasen köstliche Düfte verströmte. Bobby geriet außer sich. Er verließ sozusagen Haus und Hof, Weib und Kind, Tisch und Bett und siedelte sich am Zaun von Herrn Wohlgeboren an, saß und zitterte und schluchzte geschlagene drei Wochen vor der vergitterten Dame.

Ihn des Abends nach Hause zu holen, gaben wir schnell auf. Sein herzzerreißendes Heulen in der Küche brachte uns um den Schlaf. Aber auch so blieben die Nächte nicht ungestört. Herr Wohlgeboren hatte seine Menagerie inzwischen um einige Dutzend Perlhühner erweitert, die seine Festung sorgfältiger bewachten als einst die Gänse das Kapitol. Immer, wenn Bobby in seinem Liebeswahn den Zaun angriff, fing die ganze Hühnerschar ihr lärmendes Gegacker an. Mein Mann konnte nicht schlafen, und ich schlief nicht, weil ich wußte, daß er nicht schlief.

Natürlich war auch Fuchsi nicht immun gegen die

Düfte, die Herrn Wohlgeborens Burg umschwebten. Auch er sah mehrmals am Tage nach, ob die Tür zum Paradies sich nicht wieder für ihn öffnen würde. Auch seiner Brust entrang sich mancher Seufzer.

»Weißt du, Fuchsi«, sagte sein Herr, »wenn ich dir aus meiner reichen Erfahrung einen Rat geben darf: Man bandelt mit einer abgelegten Geliebten nicht noch einmal an! Das bringt nichts, glaube mir! Und außerdem: Hast du das nötig, dich mit dem wildgewordenen Zwerg gemein zu machen? Ich versteh dich ja, aber: Der Hund von Welt steckt das weg und leidet nicht ordinär wie Bobby.«

... ordinär wie Bobby: Ich nahm ihn in Schutz. Kein Tier kann ordinär sein, das können nur Menschen. Aber daß er nicht ganz zu uns paßte, das mußte ich zugeben. Daß er sich zum Beispiel so gar nichts aus meinem Mann machte, nahm ich ihm schon lange übel. Mein Herz verlangte, daß alle Welt ihn lieben sollte, Tier und Mensch und der liebe Gott auch.

Andererseits: Ich glaube, daß auch Bobby uns nicht als ganz passend empfand. Er fühlte sich überall wohl, wo es »Röcke« gab. Ich war einer davon. Bei Maria, unserer Zugehfrau, die vorn am Kirchplatz wohnte, gab es drei Röcke (und drei paar Waden), er hielt sich ganze Nachmittage dort auf.

»Ein Kalfakter ist er«, sagte mein Mann. Was war ein Kalfakter? Ich wollte mir keine Blöße geben und sah schnell im Meyer nach.
»Das Wort gibt's gar nicht!« triumphierte ich.
»Schau im Etymologie-Duden nach.«
Wahrhaftig, da stand es: »Kalfakter (lat. ›Einheizer‹), mundartlich für: Aushorcher, Nichtstuer, Schmeichler.« Schmeichler?
»Als Kalfakter bezeichnet man einen Hund, der mit jedem schöntut und mit jedem geht und kein Treueverhältnis zu seinem Herrn entwickelt.«
Da hatte ich's. Ja, er fühlte sich überall wohl, wo es Röcke gab.
Wir beschlossen, ihm einen Rock zu suchen.

»Bobby Solo, piccolo cane vispo,
affettuoso, cerca padrona.«
Kleiner, lebhafter Hund, anhänglich und zärtlich, sucht Frauchen.

Einen Monat lang hing das »Sonderangebot Hund« vergeblich im Kramladen von Ida Donnini aus. Da kam uns der Zufall zu Hilfe.
Unsere Maria hatte gerade Besuch bei sich zu Hause, als Bobby zu einer seiner häufigen Visiten bei ihr hereinplatzte. Was sah er? Eine fremde Dame? Ein neuer Rock? Er war sogleich höchst animiert und umschwanzelte begeistert diese unverhoffte neue Offerte.

Der Rock hieß Mirella, war jung und rosig und lebte in dem gottverlassenen Kaff im Gebirge, aus dem auch Maria stammte. Zusammen mit einem Bruder bewirtschaftete sie das Land, das zum Sommersitz einer Florentiner *contessa* gehörte.
Mirella fand Bobby *molto carino* und *molto intelligente* – er mußte seinen ganzen Charme versprüht haben –, und sie wünschte sich schon seit langem einen kleinen, feinen Hund – in ihrem Dorf gäbe es nur rüde Tölen.
*Affare fatto!* Abgemacht! Drei Tage später lieferten wir Bobby frei Haus bei seiner neuen *padrona* in seiner neuen Heimat ab, zusammen mit seiner Aussteuer: Halsband, Leine, Korb, Decke, Kamm und Bürste.
»Er hat's doch bestimmt gut dort? Mirella ist sehr nett, nicht?«
»Bestimmt.«
»Ich glaub nicht, daß er uns vermißt!«
»Mich sicher nicht.«
»Und wir haben ja Rückgaberecht ausgemacht, falls ...«
»Eben.«
Als wir nach Hause kamen, saß Fuchsi auf seinem Ausguck oben auf der Mauer und begrüßte uns freudig. Kein Bobby neben ihm, kein nervtötendes Gekläffe, keine Empfangsgeschaftelei. Bobby war fort, war sechzig Kilometer weit weg, für immer ...

Plötzlich heulte ich los.
»Glaub mir«, tröstete mich mein Mann, »er ist dort besser aufgehoben als hier. Ich hatte immer Angst, wenn ich ihn die Straße entlangwieseln sah, daß er mal unter ein Auto gerät. Er war so kopflos, wenn er seinen Rappel hatte.«
Es half nichts, die Tränen wollten nicht versiegen.
»Gabsl, möchtest du, daß wir ihn wieder zurückholen?«
»Nein«, schluchzte ich, »ich weiß ja, daß wir keinen Lärmer brauchen können. Und daß du gelitten hast. Und daß wir nicht mit zwei Hunden verreisen können und – huhuhu – und daß es die beste Lösung ist … huhu …«
»Ich versprech dir, in ein paar Wochen schauen wir nach, ob's ihm gutgeht.«

✲

Es ging ihm gut.
Er hatte die Herrschaft übernommen und tummelte sich geschäftig zwischen Hühnern, Katzen und Ziegen. Renzo, der Bauer, galt ihm nichts, es galt nur Mirella. Seine Eß- und Schlafgewohnheiten hatte er streng beibehalten, nur hatten sich seine Mahlzeiten um ein tägliches Ei erweitert (seine Fransendecke glänzte wie Seide), und um neun Uhr ging er nicht in sein, sondern in Mirellas Bett. Ans Fußende, damit das klar ist. Mirella fand die Wärmflasche wunderbar, denn inzwi-

schen war es Winter geworden, und der Futapaß ist recht rauh.

Beim Abschied war mir fröhlich und leicht zumute. Bobby hatte nicht den geringsten Versuch gemacht, uns zu folgen.

Das war das letzte Mal, daß wir ihn sahen.

Aber wir hörten weiter von ihm. Und zwar Unglaubliches.

Im Sommer darauf traf in ihrem Landhaus am Futa die *contessa* ein, um der Hitze in Florenz zu entgehen. Sie kam allein. Mirella stand als Aufwartung bereit, Bobby im Gefolge. »Che cane buffo!« was für ein ulkiger Hund, lachte die *contessa*. Am nächsten Tag frühstückte der *cane buffo* bereits mit ihr auf der Terrasse. Und es dauerte nicht lange, da blieb auch das Fußende von Mirellas Bett leer. Wohin genau der Treulose seine Schlafstatt verlegt hatte, ist nicht erwiesen. Wärmflaschen sind im Juli auch auf dem Futa nicht nötig.

Im Herbst zog Bobby mit der *contessa* in deren Palazzo am Borgo Pinti in Florenz. Mirellas gutes Herz glaubte wohl, seinen sozialen Aufstieg nicht behindern zu dürfen.

Graf Bobby, wie mein Mann ihn nun respektvoll apostrophierte, soll einem *on dit* zufolge nun ein luxuriöses Straßhalsband getragen haben und mit der *contessa* im Ferrari mal kurz nach Rom gebraust sein, um dort ein standesgemäßes Silvester unter lauter Fürsten und Grafen zu feiern.

Aber auch ein gräflicher Hund oder ein Hundegraf muß schließlich Gassi geführt werden, und das übertrug die *contessa* immer häufiger der *portinaia*, die den Eingang zum Palazzo von der Portiersloge aus überwachte. Das war unbedacht von der *contessa*. Bobby mied das gräfliche Ambiente und überwachte nun das Kommen und Gehen im Palazzo auf dem Schoß der *portinaia*.
Als diese neue Wendung als Nachricht bis zu uns gedrungen war, beschlossen wir, bei Gelegenheit einmal durch den Borgo Pinti zu spazieren und einen Blick auf den herabgestiegenen Grafen zu werfen.
Es gelang uns nicht. Die *portinaia*, eine dicke italienische *mamma*, saß allein in ihrem Kabuff. Bobby hatte sie verlassen. Er war verschwunden und nie mehr gesehen.
»Glaubst du, daß ihm etwas zugestoßen ist?« fragte ich.
»I wo«, sagte mein Mann und schaute sehr angeregt einer jungen Dame nach, die auf schönen langen Beinen vor uns herschritt. »Es gibt schließlich Besseres als eine ältliche contessa und eine dicke Portiersfrau.« Er hatte recht. Wie immer. Oder sagen wir: wie meistens.

Tschüß, Bobby, o pardon: Graf Bobby. Wenn ich auch nur einer deiner Röcke war, ich hab dich nicht vergessen. Noch heute, nach mehr als dreißig Jahren, seh ich dich lebhaft vor mir: mit deiner Fransendecke, in deiner unproportionierten Länge, vorn sitzend und hinten stehend oder umgekehrt. Matzerath hat mein Mann dich genannt, wenn du ihm lärmend auf die Nerven gingst, und dich öffentlich zu versteigern drohte er dir an, wenn du den Lustmolch spieltest. In einem halben Jahr haben wir mehr Beinamen für dich gehabt als für Fuchsi in den dreizehn Jahren seines Lebens. Du warst die Bratwurst, der Mehlwurm, der Vorortszug, der *nanerottolo*, die Schlummerrolle. Die harten schwarzen Lackknöpfchen deiner Augen und deine Wurstigkeit inspirierten nicht zu zärtlicheren Bildern. Aber glaub mir: Wir haben stets bewundert, wie lebenstüchtig du kleiner Kerl warst, und wir hatten dich lieb. Ja, ja, wir hatten dich lieb.

## 7.

Ganz am Ende unserer Straße, dort, wo sie die Bezeichnung Straße nicht mehr verdient und auch das Wort Weg schon fast eine Übertreibung ist, liegt inmitten silbern schimmernder Olivenhaine ein kleines *podere*, ein Bauerngütchen, das einem Arzt gehört.

Wir kannten ihn vom Sehen, wenn sein alter und unser neuer Cinquecento sich begegneten und in Millimeter-Arbeit und unter vielen höflichen *pregos* und *grazies* aneinander vorbeizukommen suchten. Und wir kannten ihn vom Hören: Der *dottore* pflegte, wenn er auf seinen vier Rädern unterwegs war, monoton und stur alle drei Sekunden auf die Hupe zu drücken.

»Was? Ist's schon halb sechs Uhr?« rief mein Hieronymus, wenn er den Drei-Sekunden-Huper sich nähern hörte, und schob seine Arbeit für einen Moment zur Seite. »Ich könnte noch ein Kaffeechen brauchen. Was hältst du davon?«

Seine nähere Bekanntschaft machten wir dann bei Hütchens (»Venga, Signora, venga!«) Wir hatten dort inzwischen den erbetenen Besuch gemacht, und mein Mann hoffte, daß es damit sein Bewen-

den haben würde. Er hatte, trotz einladender Blicke der Hausfrau, souverän die Filzlatschen übersehen, die in der Diele für die Gäste bereitstanden. (»Das geht zu weit. Wir sind doch nicht in Sanssouci!«) Und außerdem war ihm nichts unerfreulicher als reiche Leute mit schlechten Bildern an den Wänden, und davon hatte Herr Hütchen eine Menge. Er war vor seiner Pensionierung Direktor der Kreditabteilung eines berühmten Geldinstituts gewesen, und wir hatten den Verdacht, daß die Schinken an seinen Wänden dereinst von faulen Kunden der Bank als Sicherheiten übereignet worden waren. Über allen Kommoden, Kredenzen und Sofas – und es gab deren viele in vielen Zimmern – hingen geschmerzte heilige Theresien, singende Cäcilien, büßende Magdalenen und gemarterte Sebastiane, die furchtbar gern als Guido Reni oder Guercino gegolten hätten, es aber nicht waren.
»Kannst du mir sagen, wie man tagaus, tagein diesen Mist vor Augen haben kann?«
»Sie werden nicht hinschauen«, vermutete ich.
»Und wie verträgt sich das überhaupt mit seiner Musik-Kultur? Ist dir übrigens aufgefallen, daß sie in keinem Zimmer einen Plattenspieler oder Rekorder hatten? Frau Gemahlin scheint an seinem Hobby nicht interessiert zu sein. Die ganze Musikanlage, die teuerste, die ich je gesehen habe, hat er oben im ersten Stock in einem Raum, der

früher mal ein Bad gewesen sein muß. Er ist gekachelt und hat ein Waschbecken. Nur das Klo fehlt. Schade, daß du nicht mit oben warst. Es ist alles voller Kassetten und Platten, ich glaub, er hat den ganzen Bielefelder Katalog durchgekauft. Das Brahms'sche Requiem hat er siebenmal, von Furtwängler bis Walter.«

»Wenn ich mir vorstelle, daß er da nachts mutterseelenallein in seinem Bad ohne Klo sitzt und Brahms spielt, dann freut mich das Zuhören nicht mehr. Weißt du, Junge, es war so eiskalt bei ihnen, mich hat's richtig gefröstelt. Ich hab das Gefühl, daß er unglücklich ist. Und sie auch.«

»Ja«, sagte mein Mann, »das könnte sein. Also, sei nett zu ihnen.«

»Ich? Ich bin immer nett zu allen Leuten. Sei du nett!«

Um nett zu sein, folgten wir dem erneuten »Venite, venite!« (Plural diesmal. So lernt man die unregelmäßigen Verben.) Bei unserem Eintreffen fanden wir zu unserer Überraschung als weiteren Gast den Cinquecento-Dottore vor. Und zu unserer noch größeren Überraschung stellte er sich als Deutschland-Fan heraus. Trotz vorsichtiger Einwände von seiten meines Mannes war er in seiner Bewunderung für alles Deutsche nicht zu bremsen. Und das, obwohl das italienische Fernsehen damals mindestens einen antideutschen Film pro Tag über den Bildschirm flimmern ließ. Wir waren

gerührt von so viel heroischem Antikonformismus und noch gerührter, als wir später seine Frau kennenlernten: Ihr Haar war blond gefärbt und endete, glatt nach hinten gekämmt, in einem strengen Knoten. Thusnelda aus dem Bilderbuch!
Das Zusammentreffen war von Herrn Hütchen mit Absicht arrangiert worden. Geschickt lenkte er die Unterhaltung von den deutschen Edelmenschen weg, bis sie auf den Hund gekommen war, den deutschen Edelhund. Und damit war es heraus: Der *dottore* wünschte sich seit langem eine deutsche Dogge, und wir sollten ihm zu ihr verhelfen.
Nun gibt es auch in Italien Doggenzuchten, aber der Gedanke, daß eine Dogge aus Brindisi anstatt aus Friedrichsruh stammen sollte, paßte nicht in sein germanophiles Weltbild.
Wie hätte der alte Brehm sich über den *dottore* gefreut! »Mögen wir lernen stolz sein«, steht bei ihm zu lesen, »auf unseren durch des ersten Reichskanzlers Vorliebe so populär gewordenen Nationalhund, von dem Beckmann mit Recht sagt: ›Die deutsche Dogge in ihrer jetzigen Form ist vielleicht die vollendetste und schönste Hunderasse, welche bis jetzt existiert.‹«

✲

Es ging ganz rasch. Ein Blick in die Annoncen der »Welt am Sonntag«, ein paar Briefe, ein paar Telefonate, und drei Wochen später hatte der *dottore* ein bebildertes Angebot vorliegen. Die Tiger-Dogge, weiße Grundfarbe mit unregelmäßigen schwarzen Flecken, sechs Monate alt, mit besten Papieren, die zwar nicht gerade Bismarcks Tyras als Urahnen auswiesen, aber sonst jede Menge edler Von und Zu, hieß Albert. Und das Nonplusultra an der Sache: Es würde keine Transportprobleme geben. Die Söhne des Züchters planten ihre Ferienreise nach Italien und würden Albert frei Haus liefern.

Große Erwartung! Große Vorfreude! Große Spannung! Sie sprachen nicht von »Alberto«, nein, der Hund sollte weiter auf gut deutsch Albert heißen. Aber für ein italienisches Ohr klingt Albert so abgehackt, so ganz ohne Musik, so hart. Das Wort wollte nicht recht über ihre Lippen. Sie mußten immer mit einem kleinen Stöhner Anlauf nehmen, und daraus wurde schließlich ein Hhhhhalbert. Nun klang es schön. Nun konnte er kommen.

Er kam.

Unter der großen Zeder sitzt das Empfangskomitee bereit. Auf dem Gartentisch warten Brot und Wein. Der *dottore* hat einen Stapel Gedrucktes vor sich, er liest sich in Hhhhalbert ein. Die besonders spannenden Stellen liest er laut, damit Thusnelda und die neunjährige Loretta, die vor Erwartung rote Bäckchen hat, teilnehmen können.

»Auf dem Lande«, zitiert er aus einem Buch, »wo man einen eleganten, nie ermüdenden Begleiter bei Spaziergängen oder einen unbestechlichen Wächter wünscht, ist die deutsche Dogge unübertrefflich.«
Mein Mann und ich, die wir als Dolmetscher bereitstehen, sehen förmlich, wie der Pegel der Bewunderung nach diesem Zitat steigt. Hhhhalbert wird, das ist ganz sicher, nicht nur Haus und Hof verteidigen, sondern jeden Einbrecher zerfleischen.
Die Lektüre von »Conocerli e curarli«, die als nächstes dran wäre, fällt aus, da das vierte Familienmitglied, ein Zwerghuhn namens Bibi, das auf der Tischplatte herumspaziert, soeben einen Klecks auf die Broschüre hat fallen lassen.
Aber der Lesestoff reißt nicht ab, im Gegenteil, es wird immer spannender.
»Da! Hört euch das an!« Es klingt geradezu hymnisch: »... An allen Familienerlebnissen nahm die Dogge wie ein Mensch teil. Wurde zum Beispiel jemand bettlägerig, so saß sie stundenlang am Lager des Kranken ...«
Und nun, *andante con moto*:
»... schaute unverwandt nach dessen Angesicht und legte ihre Schnauze leise auf die ihr entgegengestreckte Hand, um ihr Mitleid auszudrükken.«
Mein Mann, ich seh's ihm an, würde gern nach Hause gehen.

Das Zwerghuhn sitzt inzwischen im Brotkorb und pickt eifrig an dessen Inhalt herum.
Hhhhalbert wird, daran ist kein Zweifel, bei jedem Schnupfen der Familie am Bett sitzen und »sein Mitleid ausdrücken«.
Der *dottore* filtert gerade aus der Enzyklopädie ein weiteres Prädikat für Hhhhalbert heraus und teilt uns mit, daß er »zur vornehmsten Luxushund-Rasse« zählt, als plötzlich Motorengeräusch zu hören ist.
Mit einem dreifachen »Hhhhhalbert è arrivato«, Albert ist da! stürzen alle zum Gartentor.
Endlich!

Das Auto war ein Kastenwagen. In der Tiefe der Ladefläche, vor dem Gitter, das zur Fahrerbank hin abschloß, saß der Ersehnte in Paradehaltung, mit steil aufgereckten Ohren, regungslos.
Wir hatten inzwischen die Begrüßung der Jungens übernommen, auch die Familie zwang sich, für einen Moment den Blick von Hhhhhalbert loszureißen. Dann wurde die Klappe geöffnet. Sechs Hände fuchtelten ihm aufgeregt entgegen, unverständliches Geschrei, das immer wieder mit seinem Namen endete, belästigte ihn: Er fand die Lage höchst undurchsichtig und zog es vor, sich ihr nicht auszusetzen. Er blieb, wo er war.
Daraufhin versuchten die Jungens, ihn herauszulocken. Er rührte sich nicht.

Thusnelda bat mich, Hhhhalberts Lieblingshäppchen zu erfragen. Es war rohes Ei. Sie lief ins Haus und kam mit einer Platte aus weißem Ginori-Porzellan wieder, auf der drei aufgeschlagene Eier hin und her rutschten.

Sie hielt die Platte mit ausgestreckten Armen so tief in das Auto hinein, wie es die Balance erlaubte. Das Hhhhalbert! Hhhhalbert-Geschrei verstummte für einen Augenblick, die Spannung war auf dem Siedepunkt. Albert erhob sich zu überraschender Größe, tat zwei bedächtige Schritte in Richtung des so apart servierten ersten Frühstücks, dann noch einen, seine Zunge fuhr einmal kurz und gekonnt über die Platte, dann war sie blank und er wieder auf seinem alten Platz.

»Er ist jetzt natürlich sehr durcheinander«, erklärte einer der Jungen. »Wenn wir vielleicht in den Garten vorausgehen könnten ... Er kommt dann sicher ganz von selbst nach.«

Alles nahm rund um den Gartentisch Platz, auf dem das Zwerghuhn inzwischen weitere Bücher signiert hatte.

Als erstes wurde das Geschäftliche erledigt. Der *dottore* holte seine in D-Mark verwandelten Lire aus der Brusttasche, die Söhne des Züchters übergaben Alberts Papiere und eine Liste von Empfehlungen für sein leibliches und seelisches Wohl. Dann kam Thusnelda noch mit einer Platte toska-

nischer Salami aus der Küche, einer schönen weißen Ginori-Platte. Ich sah, wie bei meinem Mann eine gewisse Erinnerung hochstieg und ihn um einen Schein blasser werden ließ.
Auch Thusnelda schien sich an etwas zu erinnern, sie bog erst noch zum Gartentor ab, und von dort ertönte dann der Schrei, der uns alle hochfahren und zu ihr laufen ließ. Sie stand da, starr vor Schreck, und wies mit ihrer Wurstplatte stumm auf das Auto. Es war leer. Hhhhalbert war verschwunden.

Wir suchten ihn zu siebt oder, Fuchsi mitgerechnet, zu acht, bis zum Einbruch der Dunkelheit. Wir suchten ihn per Auto, zu Fuß, bergauf und bergab, die Hhhhalbert-Rufe füllten Busch und Tal. Wir kämpften uns durch Dorngestrüpp und Kusselgelände, wir untersuchten jede Schlucht, fuhren jeden Feldweg entlang, fragten jeden Menschen, der uns begegnete. Verdreckt, zerkratzt und müde mußten wir schließlich aufgeben.
»Glaub mir, ich hab richtig Angst, nachzufragen«, sagte ich, als wir am nächsten Morgen beim Frühstück saßen, »sie tun mir so leid. Und der Hund auch. Wo mag er nur sein!«
Da klingelte das Telefon: Hhhhalbert war wieder da. Um fünf Uhr früh hatte ihn der *dottore*, vor lauter Sorge um den Schlaf gebracht, im Auto vorgefunden, zwischen den beiden Schlafsäcken, in

denen die Jungen den gesunden Schlaf der Jugend schliefen.

Der liebe Hhhhalbert!

Er war der gutmütigste Riese, der sich denken läßt. Er tat buchstäblich keiner Fliege etwas zuleide. Jeder ringelschwanzige Zamperl konnte ihn ungestraft ankläffen. Alle Katzen der Umgebung durften seinen Napf kontrollieren, kein Huhn und kein Feldhase mußte vor ihm Reißaus nehmen, wenn er, der »nie ermüdende Begleiter auf Spaziergängen« mit seinem Bismarck die Olivenbäume und die Weinstöcke kontrollieren ging. Er ließ sich von der kleinen Loretta vor den Puppenwagen spannen, er ließ sich frisieren und am Schwanz ziehen, und noch als ausgewachsener Hund ließ er sich jeden Sonntag in den Cinquecento pferchen, wenn die Familie losfuhr, um die Verwandten in Florenz zu besuchen. Dann saß er quer auf dem Rücksitz, mit einer Autobrille auf der Nase, »damit der povero Hhhhalbert vom Fahrtwind keine Augenentzündung bekommt«.

*Povero* Hhhhalbert, armer Albert!

Das *povero* wurde allmählich zum festen Bestandteil seines Namens, sein schmückendes Beiwort. *Povero* Hhhhalbert, das sollte ausdrücken: Wenn er uns nur verstehen, wenn er nur sprechen könnte! Wenn er uns nur sagen könnte, ob es ihm in Italien gefällt, ob wir ihm alles recht machen, ob ihm auch nichts weh tut?

Sie vergaßen allmählich ganz, was sie sich ursprünglich von ihm erwartet hatten, und niemand machte auch nur den geringsten Versuch, ihn zu erziehen.
Die Situation, als »unbestechlicher Wächter« Haus und Hof verteidigen zu müssen, stellte sich Gott sei Dank nie. Gewiß wäre er den Einbrechern freundlich entgegengetrottet. Und »dem Kranken sein Mitleid ausdrücken« tat nicht er, sondern es verlief umgekehrt: Thusnelda kniete voller Mitgefühl vor seiner Matratze, auf der er ausgestreckt lag, seinen prallen Bauch sozusagen neben sich gelagert. *Povero* Hhhhalbert hatte sich an drei Kilo Pansen überfressen, die sein Herr vom Markt mitgebracht und leichtsinnigerweise für ein Viertelstündchen auf dem Küchentisch abgelegt hatte. Er klaute wie ein Rabe, ganz ohne schlechtes Gewissen, in voller Unschuld.
Es gibt ein Bild von Wilhelm Trübner, das ich sehr gern habe: »Cäsar am Rubicon«. Eine Dogge hat ihren Kopf auf den Tischrand gelegt und schaut starren Blicks auf eine Schüssel in der Mitte des Tisches, eine Schüssel mit vier verlockenden Würsten. Man sieht förmlich den inneren Kampf des Hundes zwischen Gehorsam und Verlangen. Bei Hhhhalbert gab es keinen inneren Kampf, er überschritt den Rubikon bei jeder sich bietenden Gelegenheit und ganz hemmungslos.

Und freundlich trottete er auf jeden Hhhhalbert-Ruf herbei, auch wenn es ein Schreckensruf war.
»Einhundertsiebenundneunzig Ravioli hat er am Sonntag stibitzt«, erzählte mir Thusnelda, und es klang fast etwas wie Neid auf seinen robusten Magen mit. »Ich hatte sie zum Antrocknen auf dem Tisch im Nebenzimmer ausgebreitet, und als ich sie einlegen wollte – die Gäste warteten schon – waren von den zweihundert nur noch drei Stück übrig.«
»Und was hat sie mit den restlichen drei gemacht?« fragte mein Mann, als ich ihm berichtet hatte.
»Rate!«
»Povero Hhhhalbert! wird sie gesagt haben und ihm gleich noch die restlichen drei gegeben haben.«
»Stimmt.«
Meinem Mann gefiel die Entwicklung nicht. »Wenn das mal gutgeht«, sagte er. »Sie verderben den Hund. Eine Dogge will doch erzogen, sie will doch respektiert und nicht wie ein großer Kindskopf gehalten werden. Hoffentlich endet das nicht mal mit einer Tragödie.«
Die bahnte sich schon an. Eine kleine, eine winzige Tragödie nur, aber gibt es das eigentlich: kleine Tragödien? Das Opfer war Bibi, das Zwerghuhn. Hhhhalbert hatte es zu seinem Spielzeug erkoren, er liebte es, wie ein Kind seine Puppe

liebt, mal zärtlich, mal ungestüm, mal despotisch. Stundenlang trug er das Tierchen im Maul herum, kam mit ihm zu Thusnelda in die Küche und legte es auf dem Küchentisch ab oder trabte, Bibi zwischen den Zähnen, zum Gartentor, um den heimkehrenden Bismarck zu begrüßen. Ein anderes Spiel war, Bibi zu baden. Er leckte mit seiner großen Zunge sanft und ausdauernd Bibis Gefieder, bis es patschnaß und unansehnlich war. Und wenn er schlafen ging, holte er das Zwerghuhn auf seine Matratze.

Bibi ließ alles mit sich geschehen. Gefiel es ihr? Oder war das nur Gottergebenheit?

»Meinen Sie nicht«, sagte ich zu Thusnelda, »daß das Tierchen unter Albert leidet? Es war so munter früher und hatte so hübsche Farben. Und nun ist es so still, und das Gefieder ist ganz grau geworden.«

»Aber nein, Signora, Bibi liebt den Hhhhalbert über alles. Es ist so rührend! Es ist so rührend, wie sie nach Hhhhalbert sucht, wenn er einmal nicht in Reichweite ist.«

Also Duldung aus Liebe. Unterwerfung aus Liebe. Warum sollte es das nicht auch bei einem Zwerghuhn geben?

»Quatsch!« sagte mein Mann. »Werde bloß nicht sentimental. Das Tier kann sich nicht wehren. Es leidet, das ist so sicher wie das Amen in der Kirche. Und es wird eingehen. Ich kann's leider nicht

verhindern, aber erzähl mir bitte nichts mehr davon.«
Bibi hatte bald keine Farben mehr auf ihren Federn, sie waren wie weggebeizt. Die Eier, die sie legte, hatten immer dünnere Schalen, schließlich legte sie Windeier, schalenlos. Sie schien immer kleiner, immer unscheinbarer zu werden und dann, eines Tages, Hhhhalbert hatte das Zwerghühnchen gerade mal wieder ins Haus getragen und auf den Küchentisch gestellt, sank es zur Seite und stand nicht mehr auf.
»Hast du wieder mal etwas von Thusnelda gehört? Wie geht's dem Zwerghuhn?« fragte mein Mann einige Zeit später.
»Es geht ihm gut«, sagte ich.

# 8.

»Fuchsi, heut steht uns Bitteres bevor. Heut kommen Herr Bankdirektor Hütchen und Frau Gemahlin zum Kaffee, da werden wir uns furchtbar mopsen! Oder wollen wir uns verdrücken und Frauchen sitzenlassen? ›Mein Mann und mein Hund lassen sich entschuldigen, sie fühlen sich beide nicht wohl?!‹«

»Sei bitte nicht albern«, sagte ich, »Es mußte doch endlich mal passieren, es ist ja schon unhöflich, wie lang wir diese Gegeneinladung hinausgezögert haben.«

Nicht nur mein Mann, auch unsere Maria beklagte sich bitter: »Mamma mia, heute schon? Dann muß ich gleich noch die Salotto-Türen putzen.«

»Wieso? Die sind doch sauber?«

»Sauber? Wo der Fuchsi doch immer an den Scheiben die Fliegen fängt! Und die Mila, immer wenn sie rein will, mit den nassen Pfoten dagegensteigt! Die Signora Capellini hat Augen wie ein Falke. Ich sag Ihnen, die sieht alles, jedes Tüpfelchen, jedes Härchen, jedes Stäubchen! Dio mio, hoffentlich werd ich fertig!«

»Maria, sie wird nicht sterben, wenn sie ein Stäubchen entdeckt.«
»Aber ausrichten wird sie uns, pingelig, wie sie ist! (Maria sagte rührenderweise ›uns‹). Signora, Sie wissen doch, daß bei den Cappellinis vor jedem Zimmer ein Fußabstreifer liegt, und sie haben vierzehn Zimmer! Und in der Diele liegen zwei, macht sechzehn, und vor der Haustür einer, macht siebzehn. Siebzehnmal hat sich Don Ruggiero die Schuhe abputzen müssen bei der letzten Ostersegnung, und der Ministrant mußte auf Filzlatschen, die in der Diele bereitstehen, durch das Haus rutschen. Mamma mia, das hat gerade noch gefehlt, daß die kommen, wo sie doch sonst nirgends Besuch machen.«
Fuchsi meldete die Gäste, noch bevor sie geklingelt hatten. Er hatte das Auto gehört, denn natürlich wurden sie die dreihundert Meter Wegstrecke von ihrem Chauffeur im Mercedes gebracht. Ich schob den Hund in die Küche, und während ich den Besuchern entgegenlief, begann ich plötzlich mit Frau Hütchens Falkenaugen zu sehen: Die Gartentreppe war nicht gekehrt und lag voller Mispelblätter, der Gartenschlauch, nicht aufgerollt, schlängelte sich fast bis zur Entréetür, der Rechen lehnte an der Hausmauer – ich war froh, als wir endlich bei ihrem bevorzugten Wahrzeichen von Gesittung ankamen, dem Fußabstreifer. Sie traten ihn so

ausdauernd wie zwei Zwerghamster das Laufrad im Käfig.

»Aber bitte, kommen Sie doch herein«, sagte, Amüsement in den Augenwinkeln, der Hausherr. Ernst und würdevoll und mit einem artigen »Permesso« traten sie schließlich über die Schwelle. Einen Moment lang suchten ihre Augen vergeblich den Fußabstreifer Nummer zwei, dann wurden sie abgelenkt.

»Complimenti!« murmelte der Herr Bankdirektor, sich in der Diele umsehend, und »Complimenti per la sua casa« wollte eben auch Frau Gemahlin beipflichten, als ihr die letzte Silbe vor Schreck im Halse stecken blieb. Ich hatte ihr die Tür zum Wohnzimmer aufgehalten. Dort, mitten im Raum, inmitten des Teppichs, unter einem flirrenden Sonnenstrahl, saß Fuchsi und kratzte sich so weltvergessen und andächtig, wie nur er es konnte. Eine aparte Säule aus tanzenden Staubpartikeln und Hundehaaren stand über seinem Kopf und flimmerte im Licht.

Frau Hütchen stieß einen spitzen kleinen Schrei aus und blieb wie angenagelt unter dem Türbogen stehen. Ich fürchtete schon das »Nachbarin, euer Fläschchen«, aber sie hielt sich tapfer.

»Darf der das?« fragte sie endlich ganz entgeistert.

»Ja, er darf. Wissen Sie, Signora«, erklärte ihr der Hausherr, »die Dinge müssen eine gewisse Patina haben, um gemütlich zu sein.«

Das verstand sie natürlich nicht. Kein Italiener weiß, was »gemütlich« bedeutet, er hat nicht einmal ein Wort für diesen Begriff. Aber auch wenn Frau Hütchen es verstanden hätte, gebilligt hätte sie es nicht.
Inzwischen hatte ein energisches »Fuchsi, raus, aber schleunigst!« sie ihre Fassung wiederfinden lassen. Weitere Schrecken blieben ihr erspart.

Sie haben uns nicht ausgerichtet, wie unsere Maria gefürchtet hatte. Im Gegenteil. Unser Haus – der dörfliche Nachrichtendienst funktionierte wie stets – fanden sie »interessante«, außen »tipico toscano« und innen »tipico tedesco«, was man so oder so auslegen könnte; aber den Hausherrn beurteilten sie eindeutig positiv. Sie fanden ihn »molto intelligente« (Danke, Frau Hütchen, wie gütig von Ihnen!), »molto spirituoso« (Da sollten Sie ihn erst mal erleben, wenn er sich nicht angeödet fühlt!) und einen »gran Signore«, einen Herrn.
In seinen »Rosen für Apoll« steht: »Ein Herr ist nicht jemand, der weiß, wie man Langusten ißt und Gnädige Frau sagt, sondern ein Herr ist, das haben wir nur vergessen, wer sich seine Forderungen an das Leben nicht abkaufen läßt. Nicht von einem Kutscher und auch nicht vom Tode.«
Das war seine Maxime. Das war es, was alle spürten, die ihm begegneten, auch die einfachsten

Leute. Gerade sie, für die er doch ein sehr fremder Vogel war, fühlten es und liebten ihn dafür.

»Wissen Sie, Renzo, warum ich gestern Ihren Gruß nicht erwidert habe?«

»Si, Signore«, antwortete der alte Chiari, »weil Sie mich mit dem Gewehr über der Schulter gesehen haben.«

»Daß ihr Italiener dieses verdammte Vogeltöten nicht lassen könnt!«

»Ich hab doch nichts geschossen, Signore, Sie hätten alle meine Taschen umdrehen können. Sie haben ganz umsonst so finster dreingeschaut.«

»Und warum gehen Sie dann mit der Flinte herum?«

Er lachte ein bißchen.

»Weil ich mir vor den Leuten ein Gewerbchen machen muß, um am hellichten Tag spazierengehen zu können.«

»Ich geh doch auch spazieren am hellichten Tag, Chiari!«

»Ja, Signore, das ist was anderes. Wenn man Sie gehen sieht, dann weiß man, der geht nur mit den Füßen spazieren. Der Kopf geht nicht spazieren. Der arbeitet. Stimmt's?«

*

Manchmal gehe ich nun allein die Wege, die mein Mann damals in Gedanken bei seiner Arbeit ge-

gangen ist, und die sogar in seinen Texten vorkommen: »Manchmal bin ich dann noch unterwegs. Ich steige langsam den Weg zum Waldrand empor; dort habe ich einen Stein, der auf mich wartet. Da sitze ich. Ich blicke voller Frieden über das bläulich schimmernde Tal, über die Felder, über das nahe Dorf und über die fernere Stadt; ein schönes, mildes Bild, das ich mir einprägen will, damit ich es einst mitnehmen kann.
Zu meinen Füßen liegt Fuchsi, mein Hund, mein Freund, der wohl auch bald Abschied nehmen muß ...«
Es ist noch alles da: Der Waldrand mit dem Stein (»da hab ich einen Stein, der auf mich wartet«), die Gärten, es wuchert und blüht in ihnen; die Terrassen mit den silbrig schimmernden Olivenbäumen, die Mauern, über die kaskadengleich der Rosmarin stürzt, bienenumsummt; der dunkle Hohlweg, in dem betäubend der Duft der blühenden Paulownia hängt, und der Weinberg, von dem aus man auf das mäandernde Band des oberen Arno blickt und am jenseitigen Ufer für Augenblicke den D-Zug Florenz–Rom vorüberflitzen sieht. Es ist noch alles da. Aber kein Brahms tönt mehr aus der Villa von Herrn und Frau Hütchen, das Haus steht schon lange verlassen und leer. Kein *dottore* hupt mehr, mit Hhhhalbert quer auf dem Rücksitz des Cinquecento die Straße entlang. Auch Don Ruggiero läutet seine Glocken nicht

mehr, der Uhu, der im Kirchturm haust, ist der einzige Bewohner der Pfarre. Sonntags kommt ein Priester von irgendwoher und liest die Messe für ein paar alte Leutchen.
Die Festung von Herrn Wohlgeboren ist geschleift, der neue Besitzer hat alle Barrikaden abgebaut, es gibt dort keine Menagerie von Hunden, Katzen, Ziegen und Perlhühnern mehr. Er ist *up to date* und statt des Taubenkobels hat er eine Satellitenschüssel auf dem Dach.
Auch kein Bauer Chiari schlurt mehr mit umgehängtem Gewehr die Feldwege entlang. Vor seiner Kate sitzt auf einem Stühlchen seine neunzigjährige Lina mit schneeweißem Haar. Sie kennt mich nicht mehr. Sie kennt niemanden mehr. Baucis, allein, ohne Philemon. Zeus erfüllt keine Wünsche mehr.

> Die alte Frau sitzt vor dem Haus
> und denkt an ihren Mann.
> Und weiß nicht mehr, in welchem Krieg
> und wann es eigentlich war.

Ein Vierzeiler genügt, wie seit Beginn der Welt, um alles auszudrücken …
Erinnerung! Verlaß mich nicht! Glück, das mir verblieb.

## 9.

Es stand immer noch etwas offen auf unserer Florentiner Wunschliste. Wir hätten so gern einmal die Stadt im Schnee gesehen! Alle möglichen und sogar alle unmöglichen Wetter hatten wir inzwischen erlebt: Sommerhitze, die das Gras verdorren und Baum und Strauch dahinwelken ließ; Gewitter, die wie bengalische Feuer über Florenz hingen, Wolkenbrüche, Überschwemmung, Hagel, Sturmwind, der jäh und mit Dröhnen über die Berge ins Tal stürzte, und Nebel, die die Stadt in dicke Watte packten, so daß wir uns vorkamen wie Herr und Frau Noah nebst Getier in der Arche auf dem Berg Ararat – unter uns das milchweiße Meer, aus dem verschwommen ein paar dunkle Zypressenspitzen lugten. Nur Schnee hatte der Wettergott noch nie auf das Programm gesetzt.

Seit Wochen herrschte große Kälte. Die zitternden Florentiner nannten sie sibirisch und mörderisch und hielten eine beginnende Eiszeit für höchst wahrscheinlich. Die, die sich hinauswagten, waren vermummt, als würden sie gleich mit Messner in die Arktis aufbrechen, aber es waren wenige. Fuchsi und sein Herr hatten alle Spazierwege für sich allein. Sogar die Jäger, die Vogelmörder, waren nicht unterwegs, und mein Mann nutzte die Gelegenheit, ihnen die Unterstände einzutreten, die sie sich aus Ästen und Gestrüpp gebaut hatten, um darin, die Knarre im Anschlag, auf Meisen, Finken und Rotkehlchen zu lauern.

Die armen Kerlchen! Zehn Grad minus hatte das Thermometer in der letzten Nacht gezeigt, und die aus Deutschland mitgebrachten Vorräte an Meisenknödeln gingen zu Ende ...

»Übrigens: Es ist milder geworden, und es bezieht sich«, sagte mein Spaziergänger, als er mit Fuchsi nach Hause kam, »ich glaube, diesmal könnte es Schnee geben.«

Am nächsten Morgen war die Welt weiß.

Wir sahen es mit Entzücken. Der Garten war weiß, die Hügel ringsum, das Tal, die Stadt. Die Domkuppel war mit Puderzucker bestreut, die Zinnen des Palazzo Vecchio hatten Sahnehäubchen auf. Der bronzene David auf der Piazzale Michelangelo trug ein weißes Barett.

Der Giottoturm war kaum auszumachen hinter dem getüpfelten Vorhang aus Schnee.

Als wir zum dritten Familienmitglied in die Küche kamen, entstieg ein noch ahnungsloser Fuchsi seinem Bettchen, versuchte, das Begrüßungsschwanzeln mit einem ausgiebigen Recken und Strecken zu kombinieren, was nicht recht gelang, und forderte dann sein Herrchen zum Morgenritual auf, indem er sich erwartungsvoll vor den Korb mit Äpfeln stellte.

»Ja, heute werfen wir mal einen ganz großen, los, Fuchsi, komm!«

Der Hund rannte zur Haustür voraus, bereit, ins Freie zu stürzen.

Ich öffnete die Tür, und Fuchsi prallte mitten im Anlauf zurück. Die Pfote noch in der Luft, den Kopf schief, starrte er verwirrt auf das unbekannte weiße Etwas.

»Das heißt Schnee, Fuchsi, und es beißt nicht. Los, such!« Mein Mann warf den Apfel weit in den Garten hinein. Der Hund trat vorsichtig, mit jedem Bein einzeln, in den Schnee, stand eine Sekunde reglos, dann stürmte er los in wilden Bocksprüngen, fand den Apfel, schnappte ihn sich, schleuderte ihn weg, schnappte ihn erneut, warf ihn wieder fort, holte ihn abermals, knackte ihn in Windeseile, warf sich rücklings in den Schnee, strampelte mit allen vieren in der Luft, kam wieder hoch, schüttelte sich einmal kurz und verfiel dann in den »Sausewahn«, indem er Runde um Runde durch den Garten fetzte. Winterfreude, Lebensfreude pur!

Wie hilfreich und wohltuend für ein schwermütiges Herz schon der Anblick von Freude doch sein kann! Ich hätte Fuchsi gern einen Dankeskuß auf

die vereiste Schnauze gegeben, als ich die Heiterkeit in den Augen meines Hieronymus sah.
Es schneite zwei Tage. Zwei Gehäustage, zwei Schreibtischtage, zwei Weißt-du-noch-Tage, zwei Bratäpfeltage. Am dritten Tag war der Himmel wieder so blau, wie es sich für Florenz gehört.
Offenbar hatte es die Nacht über noch einmal geschneit. Eine makellose, unberührte weiße Decke hüllte den Garten ein, der nun unter der strahlenden Sonne glitzerte und funkelte. Was für ein herrlicher Tag würde das werden! Gleich würden wir frühstücken können, das immer heftiger werdende Schwanzeln von Fuchsi, der am Fuß der Treppe wartete, verriet, daß die Morgentoilette von Herrchen sich dem Ende näherte. Der Hund wußte sehr genau, daß das Summen des Rasierapparats das baldige Erscheinen versprach.
Jetzt schleunigst den Kaffee aufgießen, rasch noch zum Gartentor laufen, um die Post aus dem Briefkasten zu nehmen …
Zehn Minuten später starrte mein Mann entgeistert auf das, was ich auf den Armen trug, während mir die Tränen übers Gesicht kullerten. »Nein«, sagte er rauh, »o Gott, nein!« und nahm mir das Bündel ab.
Es war ein Hund, der Schatten eines Hundes, ein Gespenst, ein Skelett. Der Kopf wirkte seltsam unproportioniert groß an dem Gerippe aus Haut und Knochen. Eitriger Schleim floß ihm aus den

Augen, dicker Eiter quoll aus der Nase. Das Fell sah aus, als gehöre es zu einem abgewetzten Schaukelpferd, an vielen Stellen lag das Fleisch bloß. Der Hund zitterte, man spürte es mehr, als man es sah. Er rührte sich nicht, er gab keinen Ton von sich, er sah uns nicht an. Sein Atem rasselte.

Ich hatte auf dem Weg zum Briefkasten plötzlich eine einzelne Spur in dem sonst unberührten Schnee gesehen und war ihr voller Neugier nachgegangen, bis sie an einem Busch endete. Unter ihm hatte das Tier sich zum Sterben hingelegt. Es war eine Bracke.

»Diese verfluchte Menschheit!« sagte mein Mann wütend, »wert, daß sie zugrunde geht.« Gegen Elend machtlos zu sein, machte ihn immer zornig.

»Aber schau«, besänftigte ich ihn, »ein Samariter, der ihn sah, verband seine Wunden und goß darein Öl und Wein, hub ihn auf und führte ihn in die Herberge und pflegte ihn. Amen. Lukas, wenn ich mich nicht irre.«

Wir betteten den armen Kerl auf der Terrasse. Apathisch ließ er alles mit sich geschehen. Mein Mann hielt ihm den Kopf, und ich flößte ihm warmes Honigwasser ein. Dann tat ich das, was ich vor vielen Jahren bei Jack London – ich glaube, die Erzählung hieß »Das Wunder der Liebe« – über die Rettung eines fast Verhungerten gelesen hatte: Ich kaute ein Stück altes Brot weich und

schob es ihm häppchenweise zwischen die Zähne. Während wir auf den Tierarzt warteten, tupften wir ihm Blut und Eiter ab und wuschen die Wunden aus.
Schließlich traf der Dr. Wurzelgold ein und warf einen kühlen Blick auf das Elend. »Nix mehr gutt«, sagte er in seinem Renommier-Deutsch. Dann warf er das Wort *cimurro* ein, das er offenbar noch nicht in Übersetzung parat hatte. Wir schlugen es nach: Es bedeutete Staupe.
Dann riet er, wegen der Ansteckungsgefahr für Fuchsi, und weil er für das so geschwächte Tier keine Überlebenschance sah – es einzuschläfern.
»Nein«, sagten wir wie aus einem Munde.

*

Die Sonne ging unter. Wir schauten ihr dabei zu wie jeden Tag, wir sagten ihr »ciao« und »arrivederci«, bevor sie endgültig hinter den Bergen versank, und diesmal fügte ich hinzu: »Bitte, scheine auch dem Wilhelm morgen wieder.«
Wir hatten ihn inzwischen Wilhelm getauft, nach dem Heiligen, dessen Festtag gerade im Kalender stand: 10. 2., Wilhelm von Maleval, Einsiedler bei Siena, gestorben 1157. Wir fanden den Namen gut. Er klang ernst und würdig. Wenn man mit dem Tode ringt, kann man nicht Lumpi heißen. Wilhelm – Hieronymus schlug es nach – kommt

aus dem althochdeutschen wiljo = Wille und helm = Schutz, Helm.
Also los, Wilhelm, setz den Helm auf und kämpfe. Wir kämpfen mit.
So begann unsere wilhelminische Ära.
Wir kämpften fast zwei Wochen lang rund um die Uhr. Zwei Wochen lang fütterten wir ihn häppchenweise, flößten ihm Antibiotika und Stärkemittel ein, betteten ihn um, wenn es nötig war, säuberten ihn, wuschen ihn, verbanden ihn, wärmten ihn. Endlich geschah das kleine, das sehnlich erwartete Wunder: Wir hatten den Gartenkorb, sein »mobiles Krankenlager« gerade wieder einmal von der Veranda in die wärmende Sonne an der Südwand des Hauses getragen. Er schien es gar nicht wahrzunehmen. Er hatte noch immer nicht aufgeschaut, noch kein einziges Mal auf uns reagiert, er lag still und gottergeben da wie immer. Plötzlich aber ging ein Ruck durch ihn, und er stand auf seinen vier Beinen. Er stand wacklig, wie benommen, mit gesenktem Kopf, aber er stand.
»Grüß dich, Wilhelm«, sagte ich fröhlich, »und falls du nur italienisch verstehst: Benvenuto tra noi!«
Von da an ging es aufwärts mit ihm. Die Staupesymptome nahmen ab, die Augen wurden klar, die offenen Stellen schlossen sich, die ersten Härchen sprossen auf den Schaukelpferd-Blößen, und nach weiteren zwei Monaten war aus dem Hun-

gergerippe wieder ein ansehnlicher Hund geworden. Es schmeckte ihm, Punkt zwölf Uhr stand er wartend vor der Küchentür.
»Er ist ein bildschöner Kerl«, sagte mein Mann, »er ist reinrassig und bestimmt nicht älter als zwei, drei Jahre. Ich möchte wissen, warum zum Teufel man ihn ausgesetzt hat.«
Wir erfuhren es bald darauf.
Die Hunde hatten soeben zu Mittag gespeist: Wilhelm mit der ängstlichen Hast dessen, der den Hunger nicht vergessen kann; Fuchsi lässig sich Zeit lassend und wählerisch darauf bedacht, die Mohrrüben-Stückchen zu umgehen oder sie gekonnt aus den Lefzen heraus in die Gegend zu schießen.
Und nun waren die Menschen an der Reihe, unser Kaffee-Stündchen im Garten begann.
»Nein, Fuchsi, du magst keinen Himbeerkuchen! Hunde, die ihre Mohrrüben in die Gegend spucken, mögen auch keine Himbeeren. Merk dir das!«
Fuchsi schien es einzusehen. Mit einem Brummen, das klang wie »Na, denn nicht, liebe Tante«, ließ er sich auf seinem Lieblingsplatz unter der Linde nieder. Wilhelm lag still hinter meinem Stuhl. Er hielt sich immer dicht hinter mir, ob ich ging oder stand oder saß. Für die Redensart »Er folgt ihr wie ein Hündchen« wäre er das treffendste Modell gewesen.

Wir tranken unseren Kaffee.
In der Pinie schwatzten die Erlenzeisige, bestimmt besprachen sie gerade den Nestbau, denn es klang sehr aufgeregt. Aus dem hinteren Teil des Gartens, wo der Wiedehopf sein Sommerquartier in den Wurzelschründen eines alten Olivenbaumes hatte, ertönte in gleichmäßigen Abständen sein »ubbubbu«. Es roch nach Flieder und Glyzinien.
Dann zündete Hieronymus sich die erste Pfeife des Tages an und blätterte in dem Auktionskatalog, der am Morgen mit der Post gekommen war. Ich stand auf, um ihm dabei über die Schulter zu schauen. Plötzlich fing der Tisch zu wackeln an, Tassen und Teller klirrten und kamen ins Rutschen, das Besteck flog ins Gras: Am Boden, immer gegen den Tisch stoßend, lag Wilhelm in heftigsten Zuckungen, zähneknirschend, Schaum vor dem Mund, die Augen verdreht, bewußtlos.
»Er stirbt! Wilhelm stirbt!« schrie ich und warf mich meinem Mann an den Hals, als sei er der liebe Gott, der das verhindern kann.
»Er stirbt nicht, Kindl«, sagte er ruhig. »Das ist ein epileptischer Anfall. Ich hab das schon einmal im Krieg gesehen. Es wird vorübergehen.«
Wir knieten beide bei dem Hund und sprachen ruhig auf ihn ein, bis es überstanden war und er langsam wieder zu sich kam. Er war sehr müde

danach, unendlich müde. Mit dem Kopf auf meiner Hand schlief er schließlich ein.

*

»Liebe Wurzel«, berichtete Fuchsi später nach Deutschland. »Es gibt Neuigkeiten. Wir haben jetzt einen Asylanten. Er heißt Wilhelm und hat die Fallsucht, deshalb darf er bei uns bleiben. Am Anfang war er furchtbar mager und roch nicht nach Hund, sondern nach Kamillosan. Jetzt riecht er nach Farbe. Weil meine Leute ihn zum Außenhund ernannt haben, muß er draußen schlafen. Sie haben ihm auf dem Flohmarkt eine Hütte gekauft und sie ganz herrlich angemalt. Sie ist jetzt grün und glänzt, und auf dem Dach steht in großen roten Buchstaben: Haus Wilhelmsruh. Da die Hütte auf Kufen ruht, ist darunter gerade noch so viel Platz, daß unsere Hausmaus aus dem Holzstoß in das Souterrain von Wilhelmsruh umgezogen ist. Leider kann ich jetzt die Käserinden nicht mehr erwischen, die Herrchen ihr in ihre neue Wohnung schiebt.
Vor den Eingang von Wilhelmsruh haben meine Leute einen Vorhang genagelt, damit es nicht zieht und Wilhelm es immer schön warm hat. Drinnen hat er Stroh vom Bauern Chiari, das muß jede Woche erneuert werden, weil er es bis dahin klein gehäckselt hat und weil es so stark hundelt.

Wenn der Wilhelm nicht hinter Frauchen hertrottet, dann liegt er in seiner Hütte und schläft. Er ist nämlich immer müde, und spielen und lustig sein kann er überhaupt nicht. Und bellen auch nicht. Wenn es in seiner Hütte rumpelt, dann rennt Frauchen los und steht ihm bei, weil er dann einen Anfall hat ...«

Jetzt wußten wir, warum Wilhelm verstoßen worden war. Ein epileptischer Hund und italienischer Jägerstolz, das geht nicht zusammen. Und nun hatten wir also ein Sorgenkind.
Wie mir sein kleines geplagtes Leben ans Herz ging! Immer war ich erleichtert, wenn ich ihn des Morgens heil und ganz und schon auf mich wartend vor der Küchentüre stehen sah. Nie ging ich schlafen, ohne nochmals kurz in »Wilhelmsruh« nach dem Rechten zu sehen. Ich steckte im Dunkeln den Arm durch den Vorhang in das, was mein Mann »die Muffelbude« nannte und war beruhigt, wenn ein schlaftrunkener, bacherlwarmer Wilhelm seinen Kopf auf meine Hand legte. »Gute Nacht, Wilhelmchen!« Aus Wilhelm war das Wilhelmchen geworden.

Die italienische Bürokratie ist immer für eine Überraschung gut, die man dann aus heiterem Himmel im Briefkasten findet. Diesmal bestand sie aus einem Rundschreiben des Bürgermeisters, wonach, auf oberamtlichen Befehl, alle Hundebesitzer des Dorfes sich mit ihren Tieren am kommenden Samstag zwischen zehn und zwölf Uhr auf dem Kirchplatz einzufinden hatten zwecks Impfung der Hunde gegen Tollwut. Nichtbefolgung werde bestraft.

»Meinst du, daß Wilhelmchen die Prozedur ohne Anfall verkraftet?«

Ich machte mir Sorgen, und als der Impftag gekommen war, erkundete ich das Terrain erst einmal mit Fuchsi allein. Auf dem Kirchplatz war ein Tisch aufgestellt, hinter dem, diesmal ganz Würde und Amtsgewalt, der Doktor Wurzelgold thronte, einen Protokollführer der *comune* zur Seite. Vor ihm wartete des Dorfes versammelte Hundewelt.

Mila war da mit Don Ruggiero, sie hatte die Impfung schon hinter sich. Dann Blacky, das Kalb, von Herrn Strohhalm in Ermangelung einer Leine am Strick geführt. Als Fuchsi ihn erblickte, sträubte sich sein Fell, und er fletschte angsteinflößend die Zähne – er mußte noch Rache nehmen für den Biß ins Ohr, den Blacky ihm beim Kampf um die Gunst einer Dame beigebracht hatte. Ich bat ihn, die Vernichtung des Todfeindes zu verschieben.

Auch Herr Wohlgeboren war da, sozusagen vierfach. Er brauchte sein ganzes Fluchrepertoire, um die vier Leinen auseinanderzuhalten,

an denen seine Hündin und deren Sprößlinge hingen.
Die Apothekerkinder zogen ihren Labrador in die Arena. Die Statussymbole von Herrn Hütchen, Schäferhund Siffrido und Schäferhund Cesare, kamen in Begleitung des Chauffeurs im Mercedes vorgefahren, und schließlich traf, alle überragend, Hhhhalbert im Cinquecento ein, allseits freundlich grüßend.
Dazwischen wimmelte es von Zamperln, die ich zwar vom Sehen, aber nicht mit Namen kannte, und von Jagdhunden, die gewöhnlich dem Dorfleben entzogen in Zwingern auf den Tag der Glorie, den Jagdbeginn, warteten.
Als die Reihe endlich an uns war, ich meinen Obolus entrichtet hatte und Fuchsi tollwutgefeit war, kündigte ich dem *dottore* mein nochmaliges Erscheinen mit einem zweiten Hund an. »Es ist der, dem Sie im Februar das Leben gerettet haben«, log ich schamlos, und richtig: Es ging ihm nicht nur glatt runter, sein Interesse war geweckt. Es würde Wilhelmchen zugute kommen.
Wir trafen fünf Minuten vor zwölf ein. Der Kirchplatz war schon hundefrei, die Staatsgewalt am Einpacken. Ich hatte Wilhelm an Fuchsis Leine, aber es hätte ihrer nicht bedurft. »Wo du hingehst, will auch ich hingehen«, das schöne Wort der biblischen Ruth – Wilhelmchen lebte es. Er

trottete, als gäbe es keine Leine, wie immer ganz dicht hinter mir, ab und zu mit der Schnauze an meine Fersen stoßend. »Bist du noch da? Ich bin noch da!« sollte das heißen.
Dr. Wurzelgold erkannte ihn natürlich nicht wieder. Aber er war sich seiner Bedeutung als Lebensretter bewußt, und das Ergebnis war, daß wir nicht nur geimpft, sondern auch mit einem Rezept nach Hause kamen, das die Epilepsie lindern sollte.
Und tatsächlich, es half! Täglich eine Pille, und die Abstände zwischen den Anfällen wurden allmählich länger, und schließlich hörten sie ganz auf. Was blieb, war ein Zucken auf Wilhelms Stirn, es sah aus, als nickte er immerzu. Er nickte dreißigmal in der Minute. Mein Mann rechnete es aus: Er nickte dreiundvierzigtausendundzweihundert Mal am Tag. Aber er fühlte sich wohl, man sah es ihm an.
Er wurde auch lebhafter. »Du bist ja ein Baß, Wilhelmchen, complimenti!« lobten wir ihn, als er zum erstenmal ein tiefes, sonores Bellen hören ließ.
Und im Sommer gar, als die Birnen reiften, wurde er geradezu kühn. Er schlich um den Baum herum, und sowie eine Birne ins Gras fiel, »stahl« er sie und zog mit ihr, das Fell gesträubt und voll schlechten Gewissens nach uns schielend, in gehörigem Abstand an uns vorbei zu seiner Hütte.

Er war so rührend! Einfach alles an ihm war rührend.

Es kränkte uns, wenn Besucher ihn lachend »euren Dodel« nannten. Wilhelm war kein Dodel. Er hatte das äußerste »Ich kann nicht mehr« erfahren müssen, und ich glaube, auch ein Tier vergißt das nicht.

Fünf Jahre hat die Wilhelminische Ära gedauert. Fünf Jahre hat er mit uns gelebt, fünf Jahre ist er als mein nickender Schatten hinter mir hergetrottet, fünf Jahre hat er uns für die Allmacht gehalten und uns angebetet. Fünf Jahre lang war er glücklich. Ist das wenig? Ist das viel? »Kein Sterblicher fühlt an des Glücks Genuß sich gesättigt«, heißt es bei Äschylus.

Wir haben ihn unter dem Birnbaum begraben. Fünfundzwanzig Jahre ist es her. Der Baum lebt noch. Wie ich. Jedes Jahr, wenn seine Früchte ins Gras fallen, seh ich das Wilhelmchen, den Birnenklau, vor mir, wie er mit seiner Beute scheu zu seiner Hütte zieht, und ich höre meinen Mann den abgewandelten Fontane zitieren:

»Und kam die goldene Herbsteszeit,
und die Birnen leuchteten weit und breit,
da stopfte, wenn's Mittag vom Turme scholl,
der Wilhelm sich das Bäuchlein voll ...«

Und immer noch, wenn ich des Nachts wachliege, glaube ich, Wilhelm über die Steinplatten tapsen zu hören wie einst, wenn er, der treue Nachtwächter, eine Kontrollrunde ums Haus drehte. Dann wird mir das Herz schwer vor Erbarmen mit dem Elend der Welt.

## 10.

Der Tag hatte fröhlich begonnen. Wir saßen beim Frühstück, der Postbote hatte einen dicken Packen Post gebracht, und nichts Unerfreuliches war dabei gewesen. Fast alles Briefe von Lesern, auch zwei Leserinnen hatten geschrieben. Ich las – Handschriften zu entziffern war ihm zu mühsam – dem Adressaten den Damenbrief Nummer eins vor.

»Sie scheint mich für einen Methusalem zu halten. Wieso eigentlich?«

»Selbst schuld! Sie wird dich für den alten Kauz um Mitternacht halten, wenn sie deine Gedichte kennt:

›... Wer bin ich, wenn mein Traum erwacht?
Ein Falter in der Sonne oder
ein alter Kauz um Mitternacht.‹«

»Hm. Und die andere Dame?«

»Gleich ...« Ich überflog den Brief. »... klingt fast, als seist du als Falter eingeladen, an ihrem Nektar zu naschen. Ach, wie mich das freut, wenn die Damen dich lieben!«

»Affe! Gib her!«
Nach der Lektüre machten wir uns fertig, in die Stadt zu fahren.
»Wohin wünschen gnädige Frau gebracht zu werden?« fragte mein Hieronymus vornehm näselnd, in der einen Hand seine Prinz-Heinrich-Mütze respektvoll vor der Brust haltend, die andere Hand am geöffneten rechten Wagenschlag. Wenn es ihm heiter ums Herz war, spielte er meinen Chauffeur. Er spielte ihn perfekt, mit todernstem Gesicht, er spielte ihn auch *coram publico*.
»Zur Schneiderin, Heinrich, und bitte, fahren Sie den Rolls behutsam, und hupen Sie nicht, ich habe meine Migräne.«
Als ich von der Schneiderin zum Wagen zurückkam, sagte mein Chauffeur: »Los, erzähl! Bin ich ...«
Aber mir war nicht mehr lustig zumute. Ich war gerade wieder dem Elend begegnet, das ich so hasse, dem unverdienten, unnötigen, vermeidbaren, überflüssigen Elend, das der Mensch den Tieren antut.
In der Wohnküche der Schneiderin hatte ich in einer dunklen Ecke, auf dem Fußboden stehend, einen winzigen Käfig entdeckt, und drin hockte, aufgeplustert, als ob er fröre, apathisch ein kleiner Vogel.
»Was ist mit ihm? Ist er krank?«
»I wo! Er langweilt sich nur, weil das Weibchen gestorben ist.«

Er langweilt sich!
»Stell dir vor, sie sagte wirklich: ›Er langweilt sich‹«, berichtete ich meinem Mann. »Todtraurig ist er! Und sie will ihm kein neues Weibchen kaufen. Sie hat ›die Vogelwirtschaft satt‹, sagte sie. Es ist klar, sie hofft, daß der Vogel eingeht.«
»Warum läßt sie ihn nicht einfach frei?«
»Es ist ein Zebrafink. Ein Exote. Die können hier im Freien nicht überleben.«
In Knaurs Vogelbuch war er abgebildet: hellroter Schnabel, schwarzweiß-gefiederte Brust, weißes Bäuchlein mit weißgepunkteten roten Binden, graue Decke, schwarzweißes Schwänzchen und eine rote Maske hinter dem Auge.
Drei Tage später konnten wir die Abbildung mit dem Original vergleichen: Wir hatten wieder einmal Schicksal gespielt. Es war nicht leicht gewesen, Hieronymus zu überreden. Italien hatte ihn allergisch gegen Vögel in Käfigen gemacht. Er ertrug den Anblick eingesperrter Amseln, Finken, Drosseln, die überall auf dem Lande an den Hauswänden hingen, nur schwer. Doch schließlich hatte sein Mitleid gesiegt.
Der neue Gast in unserer Küche saß benommen von der plötzlichen Wende seines Lebens auf der Stange eines funkelnagelneuen Käfigs und hatte alles, was ein Vogelherz begehrt: Wasser, Körnerfutter, Hirsekolben, Salat, ein Badehäuschen, ein Schlafkörbchen und – eine neue Frau Gemahlin.

Wir nannten ihn Rudi und sie Mimi.
Sie saßen eng aneinandergedrückt, als kennten sie sich schon eine Ewigkeit und nicht erst seit einer Stunde. Rudi hielt den Kopf schief und schaute uns aus einem schwarzen Auge an, eine ganze Weile. Dann kratzte er sich, plusterte sein Gefieder auf, glättete es wieder, und dann legte er los: Rudi schmetterte seine erste Arie.
Er wurde ein fröhlicher Hausgenosse, ansteckend fröhlich. Er schwatzte und sang den lieben langen Tag. Er schmetterte gegen den pfeifenden Wasserkessel an, gegen das Radio, gegen Geschirrklappern und Staubsauger-Gebrumm. Und tüchtig war er, beängstigend tüchtig. Polstern war seine Leidenschaft. Er verpolsterte Unmengen von Moos, zerrte, rupfte, stopfte, riß alles wieder auseinander und begann von neuem. Dazu schwatzte er unermüdlich, und mein Mann übersetzte es: Soooo, ja, so geht's ... Oder besser so? ... Nein, das ist nicht gut, raus damit. Ja ... schon besser ... viiiiel besser! Und hier? ... noch eine Wiiiinzigkeit ... Genau ... Das macht sich gut ... Jaaaa ... so kann es bleiben ... Oder? ... Oder?
Mimi, in den unscheinbaren Farben, die sich für ein braves Frauchen gehören, hatte nichts weiter zu tun, als ihren Polster-Gatten zu bewundern. Das tat sie. Und abends bezogen sie in schöner

Eintracht das so gemütliche, täglich frisch ausgepolsterte Schlafgemach.

Aber eines Nachts, als ich nochmals in die Küche kam, saß Rudi auf der Stange, allein. Frau Gemahlin schlief im Körbchen. Seltsam!

»Was meinst du? Haben sie vielleicht Ehekrach gehabt?«

»Dann würde, wie ich diesen Macho kenne, er im Nest und Mimi auf der Stange hocken. Es wird ihm zu warm sein in seinem Plüschzimmer.«

Am nächsten Morgen war es umgekehrt. Mimi war draußen, und Rudi hockte im Körbchen. Er war nicht wiederzuerkennen, kein Gschaftlhuber, keine Betriebsnudel, kein Macho. Er hockte still im Moos und tat keinen Pieps.

Mimi nahm ihr Morgenbad, planschte und plusterte sich vergnügt, er blieb still. Was war nur los? Mir wurde klar, wieviel hilfloser man bei einem kranken Vogel als bei einem kranken Hund ist.

Was tun? Was hatte das zu bedeuten?

Endlich, gegen Abend, kam er heraus. Und damit war das Rätsel gelöst: Im Plüschzimmer lagen fünf Eierchen!

Rudi brütete höchstpersönlich und mit Inbrunst. Mimi hatte in diesem Stück nur eine Nebenrolle.

Mein Mann nahm die Nachricht mit höchst gemischten Gefühlen auf. Gut, er hatte Rudi akzep-

tiert, aber gewiß wollte er keine Zebrafinken-Menagerie.
»Kommt Zeit, kommt Rat«, sagte ich altklug.
Aber zuerst einmal kamen die Kinderchen. Nach elf Tagen schlüpften sie und bildeten ein winziges Klümpchen, das in einen Fingerhut gepaßt hätte. Rudis Vaterfreude war überwältigend. Keine Zeit mehr fürs Polstern, nur noch Brutpflege, hudern und fünf Schnäbelchen stopfen, pausenlos! Auch Mimi war nun im Dauereinsatz, und dank der vereinten Kräfte wurden aus dem Klümpchen immer deutlicher fünf flaumige Körperchen. Der hauchdünne Piepston, der die Fütterung begleitete, steigerte sich zu einem täglich kräftiger werdenden Bettelchor.
Nach zweieinhalb Wochen schließlich saßen die Kinder in drangvoller Enge mehr aufeinander als nebeneinander, und der Eingang zum Plüschzimmer war ausgefüllt von einer Pyramide lebhaft in die Welt guckender Köpfchen.
»Junge, komm schnell! Ich glaube, jetzt passiert gleich was!«
Rudi hüpfte aufs äußerste erregt auf der Stange hin und her und stieß fremde, schrille Lockrufe aus. Es war eindeutig, daß sie den Kindern galten: »Heraus mit euch! Los! Los!« Und wirklich löste sich ein schneeweißes Kind aus dem Knäuel, drängte zum Korbrand und wagte den Hüpfer auf die Stange. Eins nach dem andern bekam nun

Mut, und am Ende saßen alle fünf wie aufgereiht nebeneinander: zwei schneeweiße, zwei in Rudis prächtiger Uniform und ein schlichtes, graues, ganz die Mama.
»Mann, Rudi, mußte das sein?« sagte mein Mann, drehte sich um und ging.
Ich begriff, warum er so wenig begeistert war. Er hatte soeben die Wahrscheinlichkeitsrechnung angestellt.
Er hatte recht. So konnte es nicht weitergehen, es mußte etwas geschehen. Auch Rudi schien dieser Meinung zu sein. Seit die Kinder seiner Fürsorge nicht mehr bedurften, sondern selbst ihr Futter pickten, wurde er kiebig zu ihnen, schikanierte sie, pfefferte sie an. Nichts mehr mit: »So, schön ins Bettchen alle miteinander!« – wie er sie abends ins Plüschzimmer gelockt hatte –, jetzt mußten sie auf der Stange nächtigen, während er mit Frau Gemahlin wieder das Schlafgemach bezog. Es war eindeutig, er wollte sie los sein.
Ich fuhr zu dem Händler, bei dem ich den Käfig und Mimi gekauft hatte, und pries ihm fünf junge, hübsche, kerngesunde Zebrafinken an.
»Und was sollen sie kosten?« Ich war überrascht, ich hätte ihm gern noch etwas zugezahlt, damit er sie überhaupt nahm.
»Nun«, sagte ich, bemüht, mir die Erleichterung nicht anmerken zu lassen, »könnten Sie mir im

Austausch vielleicht die beiden Buchfinken dort geben?«
An der Wand hatte er reihenweise Käfige mit eingefangenen Singvögeln hängen, wie die Jäger sie als Lockvögel benutzen. Ich hatte stets ängstlich vermieden, meinem Mann davon zu erzählen. Geteiltes Leid ist nicht immer halbes Leid, es kann auch doppeltes Leid werden.
Aber nun – was für eine ideale Lösung. Niemand sagte mehr: »Mann, Rudi, mußte das sein?« oder: »Rudi, mäßige dich!«, und niemand runzelte mehr die Stirn, wenn Rudis morgendlicher Liebesakt die Aussicht auf neuen Nachwuchs verhieß. Sechsunddreißig Kinderchen hat er im Lauf seines langen, kurzen Lebens gezeugt und großgezogen, immer fröhlich, immer eifrig, immer sprühend vor Lebenslust.
Und jedesmal, wenn ich wieder eine flügge Korona zum Händler trug, brachte ich einen gefangenen Singvogel heim. Dann stellten wir den Käfig mit geöffnetem Türchen zwischen die Rosenbüsche und sahen zu, wie der Arme langsam und zögernd seine Freiheit begriff und endlich die Flügel ausbreitete und davonflog, in den Garten hinein. Spatzen und Meisen, Finken, Ortolane, eine Drossel und zwei Kernbeißer verdankten Rudis exzessivem Liebesleben ihre Erlösung, und zumindest von den beiden Kernbeißern weiß ich, daß sie im Garten blieben.

Dann, eines Sommertags, wir waren beim Kaffeetrinken, und aus der Küche klang Rudis typische, erregte »Aufforderung zum Tanz« herüber, brach sein Gezwitscher jäh ab, und es war plötzlich sehr still. Ich ging nachsehen. Rudi lag auf dem Boden des Käfigs, tot.
»Rudi, Rudi«, sagte mein Mann, »ich beneide dich. Was für ein schöner Tod, so mittendrin. Genau so möcht ich auch einmal ›vom Stangerl fallen‹.«

# 11.

Es gibt noch einen Packen Briefe von Fuchsi, unserem schreibenden Hund. Manchmal, des Abends, wenn beim Zurückdenken an das Vergangene der Hunger nach Heiterkeit plötzlich übermächtig wird, dann hole ich die Briefe hervor und lese darin. Auf einmal sind sie wieder da, die Akteure der fröhlichen Commedia dell'arte, das seltsame Völkchen um uns herum: Herr Strohhalm, Frau Hütchen, Herr Wohlgeboren, der Dottore Wurzelgold, der Bepe mit seiner Königin von England, die Petersilie, der Bruno Rrrraus; und zwischen ihnen tummeln sich die Vierbeiner: Bobby Solo mit seinen Knopfaugen, das nickende Wilhelmchen, der Kindskopf Hhhhalbert, das Kalb Blacky und Fuchsi, der echte Carpaccio.

»Liebe Wurzel«, steht da zum Beispiel, und ich sehe alles lebhaft vor mir, »Liebe Wurzel, heute muß ich Dir ganz dringend etwas berichten, was für Dein Buchhändler-Herrchen sehr wichtig ist. Ich weiß nämlich jetzt, wie man Bücher unter die Leute bringt. Hier im Dorf haben jetzt alle Damen ein Buch, die Tiziana und die Francesca und sogar die Bruna, die gar nicht lesen kann, und die Celestina auch. Das kam so: Frauchen und ich holten die Wäsche ab in der Wäscherei am Arno, in der alle Damen arbeiten. Als wir eintraten, arbeiteten sie aber nicht, sondern umringten einen feinen Herrn, der ihnen einen Vortrag hielt. ›Bildung ist Macht‹, sagte er gerade. ›Und woher kommt Bildung? Vom Lesen! Und was braucht man zum Lesen? Ein Buch. Und wo kriegt man so was? Bei mir. Und sogar auf Ratenzahlung, tausend Lire im Monat. Und selbst wenn ihr, care Signore, acht Monate lang tausend Lire zahlt, dann ist das gar nichts, denn das Buch hält viel länger, das liest man in acht Monaten nicht aus. Das hat Ewigkeitswert!

Und wie schön und gebildet das aussieht, wenn ein Buch in der Küche steht! Da weiß man doch gleich, das ist cultura. Also los, meine Damen, greifen Sie zu!‹

Durch die schöne Rede waren sie alle überzeugt und kauften auf Raten. Am kühnsten war die Francesca, sie kaufte für fünfzehntausend Lire ›Tausend und eine Nacht‹. Sie ist nun nicht nur gebildet, sondern steht auch in dem Ruf, ein unanständiges Buch erworben zu haben, was sie sehr interessant macht. Die Tiziana kaufte die Bibel, was auch ein schönes Buch sein soll und sehr passend, weil einige Geschichten daraus schon im Fernsehen liefen.

Bruna, das ist die Tochter von Herrn Strohhalm,

wollte nicht so viel anlegen, sie hat nur achttausend Lire riskiert und dafür einen von zwei Bänden Racine bekommen, in Goldschnitt! Sicher stellt sie das Buch mit dem Goldschnitt nach vorn aufs Büffet. Die Celestina wählte lange zwischen Dante und Machiavelli, dann hat sie den letzteren genommen, weil Dante ja schon ziemlich bekannt ist.

Auch die älteren Wäscherinnen haben alle zugegriffen, meistens bei ›Quo vadis‹, weil sie aus dem Film schon wissen, was drin steht und es mit dem Lesen also keine Eile hat.

Der Herr ist alle Bücher losgeworden, die er in seinem schwarzen Koffer hatte.

Also, liebe Wurzel, wenn Dein Herrchen Racine und Dante und solche Leute verkaufen will, dann muß er persönlich in die Wäschereien gehen, das scheffelt! Das rät ihm der Fuchsi!

PS: Bei uns ist es jetzt sehr heiß, und der Garten ganz verbrannt. Nur da, wo Herrchen und ich Pipi machen, ist er noch grün.«

Ich lege den Brief zur Seite, mache die Augen zu und bin dreißig Jahre jünger. Mein Liebster ist gerade aus dem Garten hereingekommen, er ist braungebrannt und duftet nach Sommer und dem Nußöl der berühmten *Farmacia Santa Maria Novella*.

»Mmmm! Riechst du gut!«

»Das kommt von meiner Moschusdrüse!«

Er guckt mir über die Schulter und liest, was in der Schreibmaschine steckt. »Aha, Fuchsi berichtet wieder.« Er lacht und rät: »Mach einen Durchschlag davon für unsere alten Tage!«
Die alten Tage sind nun da. Meine alten Tage.
Ich muß gleich noch einen weiteren Brief lesen, damit die heitere Bühne noch ein bißchen beleuchtet bleibt.
»Liebe Wurzel«, lese ich, »stell dir vor, der Herr Strohhalm hat sich ein Auto gekauft! Es steht auf dem Parkplatz hinter der Gargotta, und meistens sitzt er drin, läßt sein dürres Gerippe von der Sonne wärmen und liest die ›Unità‹, damit alle sehen, daß er Kommunist ist. Am Abend fährt er dann endlich los und holt Bruna, seine Tochter, und seine Frau, die er mia Signora nennt, von der Arbeit in der Wäscherei ab.
Der Blacky muß jetzt nicht mehr im Freien schlafen, er darf im Auto übernachten, er ist sozusagen zur Alarmanlage geworden. Obwohl sie durch das Auto jetzt praktisch ein Zimmer mehr haben, ziehen sie demnächst weg von hier, in eine größere Wohnung in der Vorstadt. Eigentlich wollte Herr Strohhalm nach dem Sieg des Kommunismus direkt aus seiner Bude ins Schloß La Tana ziehen und den marchese enteignen, aber anscheinend dauert es ihm doch zu lang, und daher diese Zwischenlösung.
Das Auto, sagt unsere Maria, hat er auf Wechsel

gekauft, anstatt sich besser ein Gebiß auf Wechsel zu kaufen, zahnlos, wie er ist. Aber Frauchen sagt, da wär er ja blöd! Wenn der Kommunismus kommt, kann er jederzeit ein Gebiß beschlagnahmen.
Ciao für heute, ich hab's eilig. Frauchen und ich müssen noch eine Ode zum Empfang von Herrchen dichten, der heute aus München zurückkommt.«
Ach ja, die Ode, die selbstgezimmerte Heimkehr-Ode! Ich sehe sie förmlich vor mir, mit einer Rose zusammen prangt sie in schön gemalten Lettern an der Tür zum Gehäus. Mein Heimkehrer, noch in Hut und Mantel, steht davor und liest:

Herr, es wird Zeit. Die Woche war sehr lang.
Stell deinen Koffer in die Garderobe,
und schau, und lobe den Empfang.
Befiehl der Gattin, still zu sein,
erzähl von nördlicheren Tagen,
wir lauschen atemlos und tragen
dir gleich Kaffee und Kuchen rein.
Wer hier sein Haus hat, braucht kein andres
mehr,
wer jetzt zu drei'n ist, wird es lange bleiben,
wird feiern, schlemmen, Weihnachtsbriefe
schreiben
und wird im Garten hin und her
gemütlich wandern, wenn die Blätter treiben.

Hieronymus lacht. »Das habt ihr schön gesagt, du und Kollege Rilke.«
Wir liebten diesen Oden-Unfug, der sich eingebürgert hatte und all unsere Feste umrahmte. Sie wurden zur Tradition, die Heimkehr-, die Weihnachts-, die Geburtstags-Oden. Nicht selten mußte Kollege Rilke bemüht werden:

Du weißt, o Herr,
daß Dichten Mode!
Ein jedes Fest
will seine Ode.
Doch niemand ahnt, dir sei's geklagt,
wie arg ich bin damit geplagt
stets meine Kunst dafür zu leihen.
Drum, Herr, mußt du mir auch verzeihen,
wenn lyrisch ich ermattet bin
und hoffend, daß es etwas nütze
mich auf Kollegen Rilke stütze ...

Auch Kollege Goethe wurde um Assistenz bemüht, vor allem bei den Geburtstagsoden:

Mir ist das All, ich bin mir selbst verloren,
wenn ich dich nicht besingen kann,
drum stimm am Tag, da du geboren,
voll Freude ich mein Ödchen an.
O Junge, tausend Glück und Segen
beschere dir dein neues Jahr,

es möge sich die Physis regen,
wie du es gern hast, dick und starr.
Dein liebes Herz soll kräftig schlagen
mit Nitromack als Elixier,
du sollst getrost die Damen fragen:
Verzeihn's, ham Sie noch Spaß an mir?
Sie drängen sich zum gabeseligen Munde,
drum küß sie nur, es ist noch deine Stunde.

Ich lege das Blatt, Ode zum Einundsiebzigsten steht darüber, in die Mappe zurück und schließe sie weg. Wie wolkenlos der Himmel ist, wenn man sich glücklich fühlt!
Vorbei. Die Feste sind vorüber. Endgültig. Aber Kollege Goethe hilft mir auch jetzt noch aus: »Ich besaß es doch einmal / was so köstlich ist / daß man doch zu seiner Qual / nimmer es vergißt.«

# 12.

Stille! Wir haben sie immer geliebt. Aber seit vier Monaten war es anders still als sonst, Traurigkeit schwang mit. Unser Füchschen war gestorben. Wir dachten immerzu an ihn. Aber wir sprachen nicht davon.
»Was wünschst du dir zu Weihnachten?« fragte mein Mann drei Wochen vor dem Fest.
Ich zögerte: »Weißt du es nicht?«
»Kind, ist es nicht zu früh?« Ach, wie ich ihn für diesen Einwand, für sein treues Herz liebte!
»Verzeih«, sagte ich beschämt und schlang die Arme um ihn.
»Schon gut, schon gut! Zu Weihnachten sollst du deinen Hund haben.«
Aber es wurde nicht mein Hund, sondern seiner. Mein Mann weigerte sich, das Florentiner Tierheim aufzusuchen, er wollte das dort versammelte zweihundertfache Elend nicht wiedersehen, an dem wir einmal durch Zufall vorbeigekommen waren. Aber es gab zum Glück seit neuestem vor den Toren der Stadt die von Dr. Wurzelgold ins Leben gerufene Tierklinik und -pension, und dorthin schickte nun auch die Stadt die aufgegrif-

fenen Hunde für eine kurze Quarantäne, bevor sie ins Tierheim überstellt wurden.
Ich rief den *dottore* an, und er versicherte mir, daß er zur Zeit »drei schöne Tieren« zur Auswahl habe.
Als wir auf den Quarantäne-Zwinger zugingen, stiegen alle »drei schöne Tieren« am Gitter hoch und schwanzelten und bettelten mit einer Heftigkeit, als wüßten sie, worum es ging.
Das Angebot bestand, um es in modernem Deutsch auszudrücken, aus drei Größen: large, medium und small.
Large war ein wunderschöner Riese mit schneeweißem Fell. Gewiß hatte er edles Blut in den Adern, und seinen lieben Charakter sah man ihm förmlich an.
»Mein Gott!« sagte ich nur.
Mein Herz war sofort für ihn eingenommen. Aber wir hatten uns geschworen, keinen Hund zu wählen, den wir nicht im Notfall zu zweit tragen könnten. Die letzten Tage mit Fuchsi hatten es uns gelehrt. Large war zu groß, large war zu schwer.
Medium war ein Hundemädchen mit einigen Schäferhunden in der Ahnenreihe, die bei der Partnerinnenwahl ein Faible fürs Extravagante gehabt haben mußten. Sie wirkte graziös, und ihre auffallend großen, spitzen Ohren trug sie, wie eine kapriziöse Dame einen neuen, gewagten Hut

trägt. Auch das Augen-Make-up war raffiniert, und ein dunkler Streifen im blonden Fell, der von den Schultern zur Brust lief, wirkte wie eine modische Halskette. Natürlich gefiel uns auch das Mädchen. Aber es war so groß wie Fuchsi und konnte noch wachsen, und außerdem: Wir hatten keine Erfahrung mit Hündinnen.

Nun gab's noch Small. Er hatte es schwer gegen die Konkurrenz und suchte verzweifelt unsere Aufmerksamkeit, indem er mit dem ganzen Körperchen wedelte und wackelte und mit seinen Pfötchen das Gitter zur Harfe machte. Er war eine rechte Promenadenmischung, kleiner als Bobby Solo, gedrungen, fest im Fleisch, mit einem kleinen Speckwulst im Nacken und einem sorgfältig aufgerollten Ringelschwänzchen, dessen Anblick selbst den finstersten Griesgram heiter stimmen mußte.

Small hatte viele Vorteile: Er war so klein, daß man ihn unter den Arm nehmen konnte, er erinnerte in nichts an Fuchsi (er war sozusagen von einem anderen Stern), er würde weder von der Mauer springen noch den Zaun überklettern können, kein Mensch würde ihn je zu klauen versuchen, und gewiß hatte er keinerlei Jagdinstinkte und würde die Hühner und Karnickel der Nachbarschaft in Frieden lassen. Und wie gesagt: Wenn man ihn ansah, mußte man schmunzeln. Es gibt Typen, bei deren Anblick einem sofort ein passen-

der Name einfällt. So, wie Small aussah, konnte er nur Emil heißen.
Wir ließen uns Emil und das Hundemädchen zu einem Probespaziergang herausgeben. Daß Large zurückbleiben mußte, tat mir in der Seele weh.
Mein Mann ging mit der Hündin voraus und ich mit Emil hinterdrein. Beide Köter zuckelten brav bei Fuß, zerrten nicht, bockten nicht und trödelten nicht. Das Mädchen hatte einen leicht tänzelnden Schritt. Emils Ringelschwanz stand wie eine Standarte über seinem Hinterteil, seine Pfötchen schaufelten die Straße hinter sich.
»Bitte, nimm du jetzt mal den Zwerg!«
Wir wechselten die Leinen. Als ich das neue Gespann so betrachtete, meinen hohen, schlanken Mann und den neben ihm dahinwackelnden Standartenträger im Mini-Format, da wußte ich: Das ging nicht zusammen. Emil, es bricht mir fast das Herz, aber an der Seite meines Mannes bist du unmöglich.
Wir entschieden uns für das Mädchen, luden es gleich im nächsten Hundesalon ab und holten es dann, frisch gewaschen und gekirnt, nach Hause. Wir tauften es Fränzi.
»Ich glaube, wir haben richtig gewählt!« sagte ich, als ich nach einem ersten Rundgang durch Haus und Garten mit dem neuen Familienmitglied zu Hieronymus ins Gehäus kam. »Sie scheint recht anstellig und sehr brav zu sein. Ein bißchen frem-

delt sie, aber das wird sich geben. Bestimmt ist sie gut zu haben.«

Als ich am nächsten Morgen in die Küche kam, saß die gut zu habende Fränzi oben auf dem Küchentisch und zerkaute gerade das, was bis gestern meine Lieblingsschuhe gewesen waren. Als sie mich sah, wackelte sie freundlich mit dem Hinterteil, ließ sich aber bei ihrer Vernichtungsarbeit nicht stören. Als ich ihr das Beutestück abnehmen wollte, knurrte sie. Ich war fassungslos und rief nach meinem Mann.

Als sie ihn hereinkommen sah, sprang sie vom Tisch und legte ihm das Beutegut vor die Füße.

»Ja, Fränzchen, du frühstückst schon? Wie schmecken denn die Ferragamo-Schuhe? Gut? Ja, das glaub ich.«

Seltsam, er ließ ihr alles durchgehen, von Anfang an. Er verwöhnte sie. Es muß das Erbarmen mit dem kurzen Hundeleben, das Erlebnis von Fuchsis Tod, die Trauer um ihn gewesen sein, die sich dieses Ventil suchte.

»Mein Fledermäuschen«, nannte er die diebische Elster und knubbelte zärtlich ihre spitzen Ohren, »mein Röschen«, »mein Maiglöckchen«.

Wenigstens des Morgens absolvierte sie ihre maiglöckchenhaft lieblichen zehn Minuten. Dann saß sie, auf das Erscheinen des lieben Herrgotts wartend, wie festgenagelt am Fuß der Treppe,

lauschte und starrte nach oben, und sobald sie seiner ansichtig wurde, ging ein Zittern durch sie, sie machte sich klein und demütig. Wenn der liebe Herrgott sich dann zu ihr hinunterbeugte, löste sich die Spannung in einem kleinen See – wir nannten ihn das Freudenlackerl.
Danach, nach dieser rituellen Morgenweihe, begann der Tag eines Rowdys. Selbstverständlich verfolgte sie bald jedes vorüberfahrende Auto, selbstverständlich lauerte sie dem Postboten schon auf, wenn man dessen Motorrad erst aus der Ferne hörte, selbstverständlich kletterte sie wie eine Bergziege (»Mein Gemschen!«) über den Maschenzaun, als wäre sie ein ausgebildeter Polizeihund, selbstverständlich sprang sie nach Belieben von der Mauer, selbstverständlich fetzte sie durch die Blumenbeete und jagte alle erreichbaren Katzen. Nervtötend quietschte sie mit ihrem Spielzeug, einem Gummi-Igel, durch den Garten, um dann, immer quietschend, schließlich im Allerheiligsten, im Gehäus vor dem Schreibtisch meines Mannes, zu landen.
»Gleich, Fränzi, gleich! Laß mich noch den Satz zu Ende schreiben, dann spielen wir.«
Nein, wir spielen sofort, antwortete sie, indem sie den zerknautschten, feuchten Igel dem Herrchen mitten auf das beschriebene Blatt legte.
Der Höhepunkt des Rowdy-Tags aber war die mittägliche Fütterung. Sie war bühnenreif, und

alle unsere Gäste und Besucher wurden nie müde, dem Schauspiel beizuwohnen. »Was macht Fränzi? Gibt es das Mittags-Spektakel noch?« fragten sie schon, wenn sie auf dem Florentiner Bahnhof aus dem Zug stiegen, und freuten sich darauf.

Begonnen hatte das Ganze mit einem Versehen Fränzis. Sie war gerade dabei gewesen, ihren Napf zu leeren, als nahende Schritte sie störten. Wütend und zähnefletschend schoß sie auf die Küchentür zu und ... erkannte meinen Mann. Sie erstarrte vor Verlegenheit und Scham über ihren Irrtum, aber nur einen Augenblick lang. Dann kam ihr die Durchtriebenheit des Weibchens zu Hilfe: Sie tat, als sei die Attacke nur ein Spaß gewesen und wiederholte sie spielerisch gleich noch einmal. Mein Mann, der ihre Not und Scham begriffen hatte, spielte mit und mimte den Einbrecher, der vor der wütenden Bestie zurückweicht. Von diesem Tag an fand die Aufführung jeden Mittag statt: Ich bereitete Fränzis Essen, füllte den Napf und stellte ihn mit einem »Mmmm, ist das guuuut!« vor sie hin. Sie übersah ihn heldenhaft und legte sich auf die Lauer.

»Herrchen, komm doch mal!«

Sowie dessen Schritte sich näherten, stürzte Fränzi mit gespielter Wut, zähnefletschend und kläffend zur Tür. Die öffnete sich einen Spalt breit, Fränzi knallte sie wieder zu. So ging das eine gute Weile hin und her, unter ohrenbetäubendem Krach. Dann, aus heiterem Himmel, hob sie die Belagerung auf, und der Napf kam zu Ehren.

»Sie hat ein Temperament wie Dynamit«, sagte mein Mann, und es klang, als habe er seit neuestem für Dynamit etwas übrig.

Übrigens: Des Abends war sie ein so sanftes Kind wie bei der Morgenweihe. Dann lag sie im Gehäus, und unter dem Schreibtisch hervor klang ihr gemütliches Schnarchen und untermalte die Arbeit, die Gespräche, die Musik, die Gute-Nacht-Pfeife und »das letzte Stündlein«.

»Ich habe noch nie einen Hund erlebt, der so ausdauernd und gewöhnlich schnarcht.«

»Das verstehst du nicht«, sagte mein Hieronymus, »das ist kein gewöhnliches, es ist ein höheres Schnarchen, es ist der Kontrabaß in unserem Nachtkonzert.«

✲

Wenn möglich, pflegten wir alle Honneurs gemeinsam zu machen. Aber den frühen Morgen mußte ich meistens allein begrüßen. Ich schlich mich aus dem abgedunkelten Zimmer, um meinen Schläfer nicht zu wecken, trat in das sonnendurchflutete Bad und öffnete weit das Fenster. Wie der junge Tag den Garten verklärte! Wie alles funkelte und glitzerte! Jeder Baum, jeder Strauch, jeder Busch.

Ich sagte allen guten Morgen, einzeln und reihum. Die Kastanie hatte schon ihre Kerzen aufgesetzt, der dunkle Lorbeer glänzte wie gelackt, der Crataegus war weiß überhaucht von Blüten und summte, und die ernsten Zypressen sahen in dem keuschen Morgenlicht fast fröhlich aus. Der Duft der Frühe lag über dem Garten, mit einem Hauch Rose darin und einer Prise Veilchen. Im Gras sammelte ein Amselmann das Frühstück für die Familie, und bei Herrn Wohlgeboren drüben gackerte ein Huhn Vollzugsmeldung.
Ob die Passiflora, die an der Hauswand emporkletterte, endlich die erste Blüte zeigte? Ich mußte mich weit aus dem Fenster beugen, um sie sehen zu können. Statt der Blüte sah ich unten, vor der Haustür, das Krepierl stehen. Das Krepierl – wie es wirklich hieß, wußten wir nicht – war ein kleiner, magerer, räudiger Köter. Man sah ihn immer irgendwo auf der Straße herumlungern und auf sein Frauchen warten, das als Putzfrau in mehreren Villen zu Diensten war. Wenn man das Krepierl ansprach, kniff es den Schwanz ein, stellte das Fell auf und schaltete den Rückwärtsgang ein.
»Hau bloß ab, du Flohbeutel!« rief ich hinunter und sah ihn davonschleichen.
Aber ich traute dem Frieden nicht. Der räudige Kerl sollte nicht mehr im Garten sein, wenn ich Fränzi ins Freie ließ. Ich machte in weitem Bogen

eine Runde ums Haus und sah auch noch zum Gartentor hinunter: Draußen standen das Krepierl und fünf weitere Hunde-Kerle in Wartestellung.
Da begriff ich.
»Guten Morgen, Junge!« sagte ich, während ich die Vorhänge zurückzog und meinem Schläfer einen Kuß auf die zugekniffenen Augen gab. »Melde gehorsamst: Die Welt steht noch, die Sonne scheint und dein Maiglöckchen duftet so lieblich, daß fünf Kavaliere vor dem Gartentor ein Sit-in machen. Das Krepierl ist auch mit von der Partie. Ferner der Matisse, der Braccobaldo, der Alex und der Friiiitz.«
»Ach, du lieber Himmel«, sagte mein Mann und war hellwach.
Beim Frühstück befragten wir Meyers Lexikon zum Thema: »In Abständen von fünf Monaten wird die Hündin läufig, fünfzehn bis achtzehn Tage lang und zeichnet (blutet) während der ersten Hälfte ... Empfänglich nur etwa zwischen neuntem und vierzehntem Tag ... Nach dem zwanzigsten Tag nimmt sie Rüden nicht mehr an ...«
»Zwanzig Tage, das geht ja noch. Wir müssen sie halt an der Leine führen.«
»... mit zwölf bis achtzehn Monaten sind die Hündinnen fortpflanzungsfähig. Eine Hündin soll höchstens einmal im Jahr werfen ...«
»Sie soll überhaupt nicht!« sagte ihr Herr.

An der Leine durch den Garten geführt zu werden – Fränzi verstand die Welt nicht mehr. Und dann lag da noch so etwas Verwirrendes in der Luft. Man mußte immer wieder stillstehen, die Ohren spielen lassen, lauschen und wittern. Und warum war das Frauchen so ungeduldig und sagte dauernd: »Nun mach endlich Pipi, verdammt noch mal!« Das war doch ganz unwichtig jetzt, merkte sie denn nicht, daß irgend etwas los war, etwas Geheimnisvolles, Unerklärliches …?

Nach zwanzig Minuten kehrten wir unverrichteter Dinge ins Haus zurück. »Sie macht nichts, sie ist völlig abgelenkt, sie wittert die Köter vor der Tür! Das kann ja heiter werden!« Ich war ärgerlich. »Ach was, wir gehen mit ihr zur Geschäftsstraße, das ist immer erfolgreich.«

Die Geschäftsstraße war ein kaum begangener, ziemlich verkrauteter Feldweg, der bergan in den nahen Wald führte. Fuchsi hatte ihm dereinst zu diesem Namen verholfen, weil er dort zu erledigen pflegte, wofür ihm der Garten zu schade war.

Mein Mann ging voraus und löste erst einmal, mit dem Spazierstock fuchtelnd, die Belagerung vor unserem Gartentor auf.

Dann startete die Prozession. Fränzi voraus, von mir an der langen Leine gesichert. Dahinter der Hüter des Grals, bewaffnet. Dann, in sicherem Abstand und im Gänsemarsch, die fünf Freier.

Nein, es waren inzwischen sieben!
Ab und zu blieb Fränzi ruckartig stehen und fiel in Trance. Dann stockte die ganze Prozession.
»Sie war doch sonst ein wildes Blut. Nun geht sie tief in Sinnen«, zitierte der Gralshüter und brachte es fertig, sein Maiglöckchen mit Storm zu verbandeln.
An einer Wegbiegung scherte das Krepierl aus der Prozession aus und versuchte, sich seitlich über die Wiese heranzupirschen.
»Hau bloß ab, du Köter!«
Als er sich entdeckt sah, retirierte er und reihte sich wieder ein. Dadurch entstand Unruhe unter den Herren, sie knurrten bedrohlich, sträubten das Fell und drehten sich im Zeitlupentempo um die eigene Achse. Das wiederum erregte Fränzi und lenkte sie aufs neue davon ab, das zu tun, was wir von ihr erwarteten.
Als es endlich, endlich geschafft war, waren wir es auch.
»Uff! Ist das mühsam! Wer soll denn das zwanzig Tage lang durchhalten? Zwanzig Tage, Junge! Und was wird erst sein, wenn's regnet?«
»Wenn's regnet, bleiben die Verehrer weg.«
»Aha! Bist du bei Regen den Damen ferngeblieben?«
»Zu meiner Glanzzeit hat's nie geregnet.«
Während wir noch frotzelten, kam mir plötzlich die ideale Lösung für das Problem der zwanzig

Tage: Das Auto! Natürlich! Das Auto! Per Auto den Verehrern entfliehen, das war's!
Fränzi liebte Autofahren, sie war närrisch danach. Nichts begeisterte sie so, wie mit Herrchen im offenen Cinquecento zur Post fahren zu dürfen. Dann stand sie mit den Hinterbeinen auf dem Beifahrersitz, die Vorderpfoten oben auf dem Rand der Windschutzscheibe, und hielt geradezu süchtig den Kopf in den Fahrtwind. Hupen erübrigte sich, Fränzi bellte die Straße frei bis zur Post und wieder zurück.
Siebzehn Tage lang luden wir nun das duftende Fräulein zweimal täglich ins Auto und brausten mit ihr davon. Ein bißchen erinnerte der Aufbruch an Lützows wilde, verwegene Jagd, denn die Meute der Kavaliere hechelte noch einen Kilometer weit im gestreckten Galopp und mit fliegenden Ohren dem Wagen hinterdrein, der die fröhlich hupende Fränzi entführte.
Wir fuhren die drei Kilometer zum Incontro hinauf, dem Berg, der aus einer Höhe von fünfhundertsiebenundfünfzig Metern auf unseren Hügel herunterschaut. Dort oben waren sich in uralten Zeiten der heilige Franz von Assisi und der heilige Gherardo von ich-weiß-nicht-wo begegnet. Und von diesem geschichtlichen *incontro*, dieser Begegnung, bekam der Berg seinen Namen.
Es gibt ein durch den letzten Krieg ramponiertes

Kloster mit einem integrierten Kirchlein dort oben. Bis vor einigen Jahren hausten, wie alte Uhus, noch vier Mönche in dem Gemäuer, dem Jenseits durch mehrere Darstellungen des heiligen Franz und dem Diesseits durch eine reiche Fotosammlung der Fußballer von Fiorentina und Inter verbunden. Inzwischen war das Kloster verlassen und verbarrikadiert. Es war märchenhaft einsam und still dort oben, stiller konnte es selbst beim *incontro* der beiden Heiligen nicht gewesen sein.

Warum sie wohl da hinaufgekraxelt waren, was ohne Cinquecento gewiß recht mühsam war? Um dem Himmel näher zu sein? Oder waren sie sich auf ihrer Wanderschaft ganz zufällig dort begegnet? »Ah, buona sera, heiliger Francesco, Dio sia con voi!« – »Oh, buona sera, Santo Gherardo, wohin des Wegs?«

Nein. Ich stelle mir vor, daß die beiden Heiligen dasselbe erleben wollten, was auch uns immer wieder dort hinaufgetrieben hat: den Sonnenuntergang. Er ist einfach grandios von dort oben.

In all den Jahren nahmen wir immer wieder unser Wägelchen und schuckelten zum Incontro hinauf. Es gibt da eine kleine gemauerte Plattform, ein bißchen über den Abhang hinausgebaut, die wie eine Theaterloge den Blick freigibt auf die wunderbarste Bühne: das weite Tal, den mäandernden Fluß, die Stadt und die fernen Gipfel der Apuanischen Alpen. Und über allem – *fratello sole*, würde Franziskus sagen – die Sonne: strahlend.

»Noch betet sie an,
die goldene Scheibe,
den glühenden Kopf eines Gottes,
grüßt sie, staunt! ...«

Wir beteten sie an.
Mit Herzklopfen sahen wir zu, wie sie zu sinken begann, zuerst den Arno in flüssiges Gold verwandelte, dann ein zärtliches Altrosa über die Stadt, ihre Dächer und Kuppeln warf, sich zurückzog von der Stadt und dem Fluß und beide den Abendschatten überließ. Wie sie sich dann für Augenblicke hinter einer Wolke verbarg, um ihr Kleid zu wechseln, statt des goldenen nun das feuerrote trug, und immer rascher und tiefer sank, in die Berge hinein. Und wie, noch lange nachdem sie hinweggegangen, ihr Abglanz über den Himmel gebreitet lag, ehe nach dem großen Schauspiel der Vorhang fiel. »Es tönten rings die Wälder und Hügel nach«, heißt es bei Hölderlin.
Nun, mit Fränzi im Schlepptau, erlebten wir den Incontro erstmals des Morgens, am frühen Vormittag.
Der Himmel war wie Seide. Es roch nach Pinien, Rosmarin und wildem Lorbeer. Wir setzten uns auf ein Mäuerchen, ließen den Hund an der lan-

gen Leine die Incontro-Zeitung lesen und genossen die Ruhe auf der Flucht. Kein Geräusch, kein Laut, nur das Licht und die Stille! Ein halbes Stündchen Ewigkeit.
»Wenn ich der San Francesco gewesen wäre, hätte ich mich hierher gebaut statt nach Assisi! Der Blick ist tausendmal schöner.«
»Sei froh, daß er's nicht getan hat! Dann stünden jetzt fünfzig Reisebusse hier!« sagte mein Mann. Allein schon der Gedanke daran war so, daß wir vom Mäuerchen rutschten. Ein wenig streiften wir noch im Gelände herum, zwischen windschiefen Pinien, Steineichen und dicken Büschen von Berberitzen, Ilex und Wacholder. Ein Hase kam aus einem Versteck gehoppelt, ohne es sehr eilig zu haben, und eine Elster schimpfte kurz von oben herab über uns Störenfriede. Genug für heute, wir fuhren heim.

Das Haus war nicht mehr belagert, lediglich das Krepierl, dieser Stumpfbock, stand mit seinem räudigen Hinterteil gegen das Gartentörchen gedrückt.
»Na, du Ritter von der traurigen Gestalt, bist du immer noch da oder schon wieder? Du bist ja ganz schön größenwahnsinnig! He, du?«
Geschickt schleusten wir das Maiglöckchen an dem Daueranbeter vorbei und schlugen ihm das Tor vor der Nase zu.

Der Zwanzig-Tage-Streß endete mit der erfolgreich verteidigten Jungfräulichkeit und einem dicken Seufzer der Erleichterung.
»Weißt du was? Beim nächsten Mal stellen wir es noch klüger an. Wir nehmen Fränzi mit nach München, da laufen die Köter nicht so frei herum wie hier. Und nach der zweiten Läufigkeit, sagt der Dr. Wurzelgold, können wir sie sterilisieren lassen, ohne daß es ihr schaden wird.«

*

Als wir aus München zurückkamen, mit einer *virgo intacta* versteht sich, war es schon abends, zu dunkel, um noch den Garten zu begrüßen. Die Feier der Heimkehr fand im Gehäus statt. Espressoduft mischte sich mit dem Duft des ersten Pfeifchens nach langer Fahrt, und Haydns Lerchenquartett mischte sich mit dem wohligen Grummeln des Hundes, als er endlich seinen Lieblingsplatz wiederhatte. Von den Wänden grüßten unsere Bilder. »Na, Leute, war's euch langweilig ohne uns? Übrigens soll ich euch alle schön grüßen von der Verwandtschaft in der Pinakothek.«
Ich spürte die Freude meines Hieronymus, wieder daheim zu sein. Es machte mich froh. Von jenseits des Arno klang schwach der Zapfenstreich herüber, die Nacht war sternenklar, morgen

würde es schönstes Wetter geben. Es war alles, wie es sein mußte.

Um sechs Uhr früh, zu nachtschlafender Zeit also, weckte mich ein Spatzenschwarm, der auf dem Dach Radau machte. Das Wiedersehen mit dem Garten lockte mich, also stand ich auf und drehte mit Fränzchen eine erste Inspektionsrunde. Sie sauste los, übermütig, befreit. Vergessen waren Halsband und Leine, das öde Münchner Gassigehen, das treppauf, treppab, das »Vorsicht, Auto!« das »Sei brav und zieh nicht so!«, das »Pfui, laß das!«, die monotonen Runden im Park, das ängstliche Ausweichen, sobald ein ebenfalls angeleinter Vierbeiner in Sicht kam. Glücklich warf sie sich ins Gras.

Das Gras, stellte ich fest, war viel zu hoch, höchste Zeit zum Mähen. Wie, wenn ich gleich damit anfangen würde? Aber dann könnte das wütende Gebell, mit dem Fränzi ihren Haß auf die Mähmaschine kundzutun pflegte, meinen Schläfer wecken! Ich brachte den Hund zurück in die Küche, ließ die Tür zum Garten offen und zog nur das Scherengitter zu. Dann mähte ich, bis das Benzin und meine Puste ausgingen.

Auf dem Weg zurück zur Küche hörte ich plötzlich das Scherengitter scheppern, als stieße jemand daran, und dann war mir, als sei eben das Krepierl um die Hausecke geflitzt. Dieser verdammte Kerl! Diese räudige Klette!

Beim Frühstück war »die räudige Klette« Gegenstand der Unterhaltung.
»Das ist doch bodenlos, daß der Kerl immer noch hier herumschleicht, als wäre er auf Brautschau. Warum lachst du? Das ist doch nicht zum Lachen!«
»Ich stell ihn mir gerade als Akrobat vor.«
Jetzt lachte ich auch. »Ich möchte bloß wissen, ob er durch das Scherengitter schlüpfen kann oder nicht.«
»Los, Maiglöckchen! Sag's dem Frauchen: Kann er oder kann er nicht?«
Fränzi klopfte einmal kurz und kräftig mit der Rute auf den Boden.
Hieß das ja? Hieß das nein?

# 13.

Es stand uns wieder einmal einer jener Leserbesuche ins Haus, die Gott sei Dank selten, aber leider nicht ganz zu vermeiden waren. Mein Hieronymus liebte sie so, daß er schon Stunden vorher schlecht gelaunt war. Er haßte es, sich von Jeans und Pulli und Holzpantoffeln trennen und »sich in Schale werfen« zu müssen, er klagte über die vertane Zeit. Wenn der Besucher ihm dann gar erzählte, wie köstlich er sich bei der Lektüre seiner Bücher amüsiert habe und vielleicht noch ein kleines Privatfeuerwerk an Esprit erwartete, dann kam er sich wie Kunz von der Rosen, der Hofnarr von Kaiser Maximilian vor, und ich wußte, daß ich ihn wieder einen Abend lang würde trösten müssen.

Die beiden Damen, die Punkt fünf Uhr per Taxi eintrafen, waren in dem fortgeschrittenen Alter, von dem der Autor der »Disteln für Hagen« sagt: »Es ist immer der falsche Jahrgang, der kühn ist.« Aber sie hatten ihr *absolvo te* gleich mitgebracht: Neben ihnen trippelte ein Hündchen die Gartentreppe herauf. Es war so elegant und gepflegt wie die beiden Damen, ein Zwergpudelchen in modischem Apricot, erlesen geschoren und getrimmt, gestyled sozusagen und mit einem Schleifchen als modischem Accessoire zwischen den Ohren. Daß es ein bißchen den Zitterich hatte, gehörte wohl zur Vornehmheit. Fränzi wirkte gegen dieses Model der Hunde-Haute-couture wie eine derbe Bauerndirn.

»Pardon, daß wir Sie mit Peggy überfallen, sie wollte nicht im Hotelzimmer bleiben, sie fürchtet sich allein. Begrüße den Herrn, Peggy, das ist der Herr Fernau, der so schöne Bücher schreibt.«

Es war das erste Mal, daß mein Mann einem Hund vorgestellt wurde. Es amüsierte ihn sichtlich. Die Einladung begann vielversprechend.

Im Wohnzimmer stellte sich heraus, daß Peggy nicht gewohnt war, mit dem Boden vorliebzunehmen, auch wenn er teppichbelegt war. Sie spähte nach einem erhöhten Sitz, doch alle waren besetzt. Man sah den Damen eine gewisse Verlegenheit an, wie das knifflige Problem zu lösen sei, weder Peggys zartes Seelchen noch die Gastgeber zu irritieren. Da griff mein Mann nach dem Hündchen und hob es zu sich in den Sessel. Fränzi, die es sah, ließ ihr bedrohlichstes Knurren hören und verschwand. Ich verstand sie gut. Auch ich würde knurren, wenn ich ein aprikosenfarbenes Fräulein bei meinem Mann im Sessel fände.

Das Entzücken der Damen aber war groß. Es war

klar: Peggy saß stellvertretend auf den Knien ihres Lieblingsautors.

Aber auch Kunz von der Rosen mußte nicht leiden. Das Reizwort vom Sich-köstlich-amüsiert-Haben fiel kein einziges Mal, dagegen viel Kluges und Nachdenkliches. Wie gut! Ich würde hinterher nicht trösten müssen. Ich war den Damen dankbar.

Daß so ein konventionelles Teestündchen ein Stündchen blieb und nicht ausuferte, dazu verhalf uns ein bewährter Trick: Man bot im richtigen Moment einen Gang durch den Garten an, in der Hoffnung, daß die Gäste sich danach nicht wieder niederlassen würden.

Auch diesmal gab es den abschließenden Garten-Rundgang. Es war gerade Rosenzeit, »Maskerade«, »Clair matin«, »Madame Gauchard«, »Magali« und »Queen Elisabeth« in voller Blüte. Wir pilgerten von Busch zu Busch, und die Damen nahmen brav bei jedem Strauch eine Nase voll Duft, wie es sich gehört.

Mit einem Blick behielt ich Peggy im Auge, die gerade von einer äußerst freundlichen Fränzi umtänzelt wurde. Seltsam: Ich hätte geschworen, sie eifersüchtig gesehen zu haben! Hatte ich mich getäuscht? War Eifersucht also doch nur eine menschliche Untugend? Wie halb zögernd, halb entzückt Peggy Fränzis Avancen genoß, wie nett sie Seite an Seite liefen! Nun standen sie am Rand

des Schwimmbassins. Und dann – Fränzi schwenkte nur einmal kurz ihr Hinterteil – lag Peggy im Wasser!
Ich rannte los.
Die Damen hatten nichts bemerkt, aber daß der Pudel pudelnaß war, ließ sich nicht verbergen. Ich nahm ein Badetuch und wickelte die herausgefischte Peggy ein. Fränzi war nicht mehr zu sehen. Dann überbrachte ich die Hiobsbotschaft in leicht veränderter Form den Betroffenen:
»Ihre Peggy scheint wassernärrisch zu sein! Sie wollte unbedingt unser Bassin ausprobieren.«
Die Damen waren entsetzt. »Peggylein, was hast du da angestellt! Wie konntest du nur! Entschuldigen Sie bitte, wir hätten sie an der Leine halten müssen!«
»Aber! Das ist doch nicht schlimm! Jetzt fönen wir das Pudelchen, bis es sich wieder pudelwohl fühlt.«

»Ist es wirklich wahr?« fragte Fränzis Herr, nachdem der Besuch unter vielen Dankeschöns und vielen Pardons abgefahren war. »Irrst du dich auch nicht?«
»Nein«, sagte ich. »Es war eindeutig. Sie lockte die Kleine scheinheilig zum Wasser, und dann gab sie ihr aus heiterem Himmel einen Schubs mit dem Hinterteil. Absichtlich! Aus Eifersucht. Es war die pure Rache.«

Die Sünderin ließ sich erst spät abends wieder blicken, heiter, die Unschuld in Person.
Ich setzte meine strengste Miene auf. »Wo warst du? Und was hast du gemacht? Pfui! Schäm dich!«
Sie übersah mich, setzte sich vor ihr Herrchen und reichte ihm mit übertriebener Bravheit die Pfote.
»Mein armes Maiglöckchen! Hast du so gelitten? Wegen so eines Aprikosen-Mascherls brauchst du doch nicht eifersüchtig zu sein! Aber ich schwör dir: Niemals wieder werd ich meinen Sessel mit einer fremden Dame teilen!«
»Schwör's mir bitte auch«, sagte ich vorsichtshalber.

✲

Fränzi war, das fiel mir auf, seit einiger Zeit besonders liebesbedürftig. Es war neu, daß sie sich nicht nur ihrem Herrgott, sondern auch mir zu Füßen warf, um gekrault und getätschelt zu werden. Ich fühlte mich sehr geehrt, zur sozialen Fellpflege zugelassen zu sein und »lauste« sie, wann immer sie es wünschte. Dabei entdeckte ich eines Tages, daß ihre Brustwarzen sich vergrößert hatten. Ich war sofort höchst alarmiert (Um Himmels willen, das Krepierl wird doch nicht ...) und erschien noch am selben Tag mit ihr beim Tierarzt.
Nach eingehender Zwei-Minuten-Untersuchung

sprach Dr. Wurzelgold das erlösende Wort: »Keine Kind, no, no, keine Kind, Signora.« Fränzi war nicht schwanger, sie war scheinschwanger, dreißigtausend Lire, *arrivederci*, auf Widdersän. Für weitere dreißigtausend Lire erstanden wir zwei Medikamente, die die Milch zurückdrängen sollten, was sie auch taten.

Es ging uns gut. Der Sommer näherte sich seinem Höhepunkt, dem Ferragosto, und das hieß: Wir waren allein auf der Welt, die ganze Nachbarschaft ausgeflogen, die Straßen leer, Geschäfte und Restaurants geschlossen, an jeder zweiten Tür das gleiche Schild: *Chiuso per ferie*. Ein herrlicher Zustand, solange man keinen Arzt, keinen Klempner und keinen Elektriker braucht. Wir brauchten keinen.

Wenn man aus dem kühlen Haus trat, überfiel einen die Hitze wie ein glühender Schwall. Die Luft flimmerte, das Land lag unter der brütenden Sonne, als sei es in Schlaf gefallen. Nichts regte sich.

Erst gegen Abend wachte die Natur langsam auf. Mit der Dämmerung kamen die Fledermäuse, sie huschten im Zickzack lautlos über unsere Köpfe hinweg, schossen im Sturzflug auf das Bassin hinunter und streiften die Wasseroberfläche.

Mit Gießkannen und Schläuchen rannten wir als gute Samariter von einem durstenden Busch zum andern, von einem Beet zum nächsten, bis die

Dunkelheit hereingebrochen war. Dann, nach getaner Arbeit, saßen wir vor dem Haus und warteten auf das kühlende Windchen, das der Wetterbericht versprochen hatte. Auf der Haustür hatte sich, angelockt vom Schein der Lampen, ein bizarres Völkchen niedergelassen: Eintagsfliegen, Federmotten, Mücken, allerlei Spinner, Eulenfalter, Kiefernschwärmer und Wespen. Von Zeit zu Zeit kam eine Hornisse, der Bonselsche »Räuber mit dem goldenen Panzer«, angebraust und umkreiste mit wütendem Gebrumm das Licht. Und manchmal, selten, verirrte sich eine Gottesanbeterin oder das große Nachtpfauenauge zu uns.

Von jenseits des Arno war für ein paar Sekunden das Rollen eines Nachtzuges zu hören, und unter den Sternen am Himmel tauchte plötzlich einer auf, der blinkend und zielstrebig seine Bahn durch das Firmament zog: ein Flugzeug auf dem Weg nach Süden.

Endlich, nach Mitternacht, rührte sich das ersehnte Lüftchen, und sofort begannen die Blätter der Bäume mit ihm zu tuscheln. Ein einzelnes Grillchen steuerte das *pizzicato* bei.

Bevor wir zu Bett gingen, wurde Fränzi, wie immer während des Sommers, gefragt, wo sie zu schlafen wünschte. In der Küche? Auf der Terrasse? Sie hatte den Tag über im Haus verbracht, der Hitze wegen. Sie zog die Terrasse vor.

»Also gut. Aber bell nicht in aller Herrgottsfrüh. Gute Nacht, Fledermäuschen.«

*

Um acht Uhr stand ich auf. Das Thermometer zeigte bereits vierundzwanzig Grad. Ich ging durch alle Räume, um rasch die Holzläden und Fenster zu schließen, ehe die Hitze ins Haus drang. Draußen vor dem Scherengitter, das das Wohnzimmer zur Terrasse hin abschloß, wartete Fränzi und bat schwanzwedelnd um Einlaß. Ich sperrte auf, sie gab mir brav die Pfote.
»Hast du gut geschlafen, Fränzchen?« Ganz automatisch sah ich zu der Liege hinüber, die ursprünglich für unsere Siesta gedacht war, aber inzwischen Fränzi als Schlafplatz diente. Auf dem rotweiß-gestreiften Polster lag ein kleines, dunkles Etwas. Das Etwas bewegte sich.
Ich lief hin und wollte nicht glauben, was ich sah: Das Etwas war ein Welpe. Das Etwas mußte Fränzis Kind sein, wenn es nicht vom Himmel gefallen war, was durchaus möglich schien, denn nichts verriet Spuren einer Geburt. Das Polster war sauber und fleckenlos. Dr. Wurzelgold schoß mir durch den Kopf, diese Koryphäe von einem Tierarzt: »Keine Kind, no, no, Signora, keine Kind.«
Fränzi stand neben mir und sah mich an, als wollte sie sagen: »Was machen wir jetzt?«

Ich nahm den Welpen hoch, trug ihn in die Küche und legte ihn in Fränzis Korb. Aber statt sich um ihn zu kümmern, ging sie zu ihrem Napf und brachte ihn zum Scheppern, indem sie ihn mit Hilfe von Schnauze und Pfote rotieren ließ. Ich will frühstücken, hieß das. Seelenruhig schlabberte sie ihre Milch und danach zwei rohe Eier, die ich für eine geeignete Wöchnerinnenkost hielt.

Erst danach stieg sie ins Körbchen, ließ sich mit einem Plumps fallen und schubste mit der Nase das Kind an ihre Brust.

Ich lief zu meinem Mann ins Schlafzimmer und setzte mich an sein Bett.

»Bist du wach?«

»Nein«, sagte er.

»Willst du die Neuigkeit des Tages hören?«

»Nein.«

»Warum nicht?«

»Weil sie morgen schon ein alter Hut ist.«

»Der alte Hut liegt im Hundekorb und saugt an der Brust deines Maiglöckchens. Fränzi hat heut nacht ein Kind gekriegt.«

Auch mein Mann wollte es zuerst nicht glauben. Dann war er wütend, dreifach: Auf das Meyersche Lexikon, das uns mit seinen Angaben (»Nach dem 20. Tag nimmt sie Rüden nicht mehr an«) »reingelegt« hatte. Auf den Dr. Wurzelgold, der »nichts konnte, als Schwangeren die Milch vertreiben«.

Und auf das Krepierl, diesen »räudigen Schleimscheißer«.
»Du sprichst vom Vater des Kindes«, erinnerte ich ihn.
Wir beschlossen, diesen dunklen Punkt von nun an völlig zu ignorieren und eine Parthenogenesis anzunehmen. Einiges sprach dafür, zum Beispiel das Einzelkind, während eine ordinäre Begattung doch zu vier bis zehn Welpen hätte führen müssen. Außerdem war das Kind nicht im geringsten räudig, sondern gesund, glatt und wohlriechend. Im Augenblick sah es aus wie eine allerliebste Robbe *en miniature*. Wir tauften die Robbe Robby.
Nach neun Tagen (hier wenigstens hatte der Meyer recht) schlug Robby die Äuglein auf, um die Welt zu besichtigen, und fand sie schön. Fränzis medikamentös verringerte Milchproduktion (da hatte der sich tausendmal entschuldigende Dr. Wurzelgold recht) reichte für das Einzelkind, und außerdem zeigte Robby sehr bald eine Vorliebe für alles, was die Firma Alete für menschliche Babys in Döschen anbot. Der Apotheker, erfreut über die neue gute Kundschaft, packte mir Proben von Baby-Puder und Baby-Creme dazu. »Fürs Enkelchen.« Er hielt mich charmanterweise für die Großmutter.
Robby wuchs und gedieh.
Fränzis Beziehung zu ihrem Kind war seltsam.

Gewiß, sie nährte es und wusch es und hielt es sauber, aber sobald sie Schritt oder Stimme ihres Herrn hörte, vergaß sie alle Mutterpflicht, sprang auf und schüttelte den armen Kleinen von der Brust. Es störte sie nicht, ihn vor Verlassenheit fiepen und klagen zu hören. Als gäbe es ihn nicht, bestand sie auch weiter streng auf der Einhaltung aller Riten aus der Vor-Robby-Zeit: der Morgenweihe, dem Spaziergang zu zweit, dem Mittagskrawall, der abendlichen Schnarchorgie unter dem Schreibtisch.

Als Robby sechs Wochen alt war, wurde ihr Desinteresse fast aufreizend. Sie knurrte ihn an, wenn seine Tolpatschigkeit ihr lästig wurde. Sie jagte ihn weg, wenn er ihr ins Gehäus nachlaufen wollte. Sie ließ ihn seelenruhig zappeln, wenn er sich irgendwo verheddert hatte. Mutterliebe auf kleinstem Nenner. Auch die Begeisterung von Fränzis Herrn hielt sich in Grenzen. Es klang süffisant, wenn er »Naaa Robby, du Wunderknabe?« sagte.

War Robby denn nicht allerliebst? Gut, wenn man genau hinschaute – und es wurde mit jedem Tag deutlicher –, war nicht zu übersehen, daß er so gar nichts von seiner Mutter, so gar nichts Charaktervolles hatte. Das helle Schnäuzchen, die nicht sehr ausdrucksvollen Augen, der blasse Fleck unter einem Auge, die spillrigen Beinchen, das Schwänzchen, das sich verdächtig zu ringeln be-

gann, die Knitterohren – es war vielleicht doch besser, von der Parthenogenesis abzugehen und Robby seinem Vater in die Schuhe zu schieben.
Ich machte mir Sorgen um seine Zukunft. Wer würde ihn haben wollen? Ich mußte ihm einen guten Platz finden, und zwar bald.
Ich wollte ihn nicht wie seinerzeit Bobby im Kramladen annoncieren, ich beschloß, ihn in natura vorzuführen.
Also schleppte ich ihn überallhin mit. Den Zappelphilipp auf dem Arm reihte ich mich in die Schlangen vor Post und Bankschalter ein. Robby hinter mir herziehend, kaufte ich auf dem Markt Gemüse ein, Robby auf dem Schoß saß ich beim Friseur. Er tat sein Bestes, sich beliebt zu machen, indem er einfach jeden stürmisch begrüßte, der sich näherte. Wir ernteten Unmengen von Streichlern, Tätschlern, Entzückensschreien und Komplimenten.
Aber haben wollte ihn niemand.
Im Supermarkt war das Mitbringen von Hunden verboten.
Ich leinte Robby vor dem Eingang an.
Es ist hoffnungslos, dachte ich, es hat keinen Sinn, ihn weiter anzubieten wie sauer Bier. Das ist heute der letzte Versuch. Ich muß mir was anderes einfallen lassen.
Als ich aus dem Laden kam, fand ich Robby von Menschen umringt. Ich drängte mich durch. Vor

ihm hockte ein kleines Mädchen, hatte beide Arme um ihn geschlungen und weinte bitterlich.
»Bambina, ja warum weinst du denn so?«
»Weil … weil … weil er ist wie mein Alec!«
Eine Dame sprach mich an. »Alec war der Hund meiner Tochter. Er ist vorige Woche überfahren worden. Gehört der Kleine Ihnen?«
»Ja«, sagte ich, »und ich suche einen guten Platz für ihn.«
Eine Stunde später, in einer Bar, zwischen zwei Espressi für die Damen und einem *gelato*, das Hund und Kind sich teilten, war Robbys künftiges Glück geschmiedet. Ein Haus mit einem Garten würde auf ihn warten. Er würde für das Kind der schönste Hund der Welt sein. Er würde es gut haben. Wir würden ihn besuchen dürfen. Er würde geliebt werden; etwas Besseres gibt es nicht.
Er saß derweil schon auf dem Schoß des Mädchens und leckte stürmisch Hals und Arm und Ohr.
»Robby!« rief ich. Er hörte es gar nicht.
»Robby!« Ich griff ihm ins Fell und drehte ihn zu mir herum. Ich gab ihm einen Kuß auf die Nase und sagte ihm Adieu.

# 14.

Wir waren dankbar, das kleine Quecksilber auf so glückliche Art losgeworden zu sein, und genossen die Rückkehr in »geordnete Verhältnisse«. Bis Diogenes kam. Er kam nicht sofort, es vergingen ein paar Jährchen, und eigentlich bestand gar keine Chance, daß sein armseliges Leben bei uns landen würde. Er hauste auf der Tenne eines verlassenen Bauernhauses und war mit einer rostigen langen Kette an einen Baum gebunden. Als Hütte diente ihm eine umgestürzte Blechtonne, neben sich hatte er ein paar Kanten schimmeliges Brot und einen alten Emailletopf mit abgestandenem, unappetitlich grün schillerndem Wasser.

So entdeckte ihn mein Mann, der an diesem Tag zum dritten Mal zu einem Spaziergang aufgebrochen war, um von seinem Schreibtisch zu fliehen – er arbeitete an einem Stoff, der ihn besonders quälte. Er ging den Weg, den wir sonst mieden, weil Fränzi dort einmal ein *pollo raspante*, ein frei laufendes Huhn erwischt und das verängstigte Tier erst nach energischstem Befehl und sehr, sehr ungern aus den Zähnen entlassen hatte. Der

Weg führt aus unserem Dorf heraus, durch eine hohle Gasse, an einem alten Schloß vorbei und schlängelt sich zwischen Oliven und Weinstöcken hin, bis er sich hinter dem verlassenen Gehöft im Brombeergestrüpp verliert.

»Das gibt's doch nicht! Da wohnt doch schon seit Jahren niemand mehr! Sicher war der Hund nur für kurze Zeit dort angebunden.«

Am nächsten Tag gingen wir zu zweit nachsehen. Er war noch da. Angebunden.

Er hatte uns schon von weitem entdeckt und stand aufmerksam, eine Vorderpfote erhoben, wie es sich für einen Vorstehhund gehört, seine schöne Rute leicht hin und her bewegend. Er war ein reinrassiger Münsterländer, bildschön. Als wir näher kamen, stürmte er uns entgegen, so weit die Kette, die sich so oft um den Baum gewickelt hatte, daß ihm kaum Spielraum blieb, das zuließ. Die Tonne war noch da, das verschimmelte Brot, das stinkende Wasser.

Ich faßte ihn an. Er war sehr mager, aber er schien gesund zu sein, seine dunklen Augen waren klar und lebhaft. Er gebärdete sich so ungestüm, daß wir nicht wagten, ihn loszuketten. Ich drehte mich mit ihm so oft um den Baum, bis die Kette wieder ihre volle Länge hatte. Nun konnte er uns anspringen, und er hörte nicht auf damit, er war närrisch vor Freude.

Es stand ein alter, hoher Bauernkarren außerhalb

seiner Reichweite. Wir nahmen die Deichsel hoch und zogen das Gefährt so nah heran, daß der Hund sich von dem zerstampften und unsauberen Boden dort hinauf retten konnte. Er tat es auch sogleich und verschlang die Hundekuchen, die wir ihm dort ausgelegt hatten.

Von nun an besuchten wir ihn täglich und brachten ihm Futter und Wasser.

Er stand hoch oben auf dem Karren und starrte gebannt in die Richtung, aus der wir kommen mußten, lang bevor er uns sehen konnte. Ich glaube, er wartete immerzu. Er rechnete fest mit uns. Wir wuchsen wieder einmal in die Rolle des lieben Gottes hinein. Und der liebe Gott machte sich Sorgen.

»Der Kerl muß doch mal von der Kette gelassen werden, er ist ein Jagdhund, er braucht Bewegung.«

»Und was ist, wenn er abhaut?« gab ich zu bedenken.

»Wir könnten ihn freilassen, bevor er sein Fressen bekommen hat. Daß er dann zurückkommt, ist so sicher wie das Amen in der Kirche.«

Wir lösten die Kette – und weg war er.

Wir warteten. Wir konnten nicht einmal nach ihm rufen, namenlos, wie er für uns war.

»Dort drüben rennt er!«

Ich kletterte auf den Karren und sah ihn jetzt auch. Er raste wie ein Verrückter im weiten Bogen

immer in die Runde, verschwand, tauchte auf, verschwand aufs neue.
Dann, nach einer kleinen Ewigkeit, kam er angeschossen und stürzte sich auf das Futter im Napf. Seine Flanken bebten vor Anstrengung. Ich kettete ihn an, ohne daß er es merkte.
»Hör mal zu, du Tonnen-Bewohner«, sagte ich, »wir müssen dir einen Namen verpassen. Du heißt jetzt Diogenes, Kurzform Diogi, verstanden?«
Offenbar gefiel ihm der Vorschlag. Er begriff schnell, daß mit dieser Taufe sein sozialer Aufstieg begonnen hatte. Als Diogi ließ er sich leichter handhaben, und ich kam bald allein mit ihm zurecht. Fränzi und ihr Herr konnten wieder ihre gewohnten Runden drehen, während ich die Raubtierfütterung übernahm.
Immer noch war uns das Ganze ein Rätsel. Bis eines Tages zur Zeit der Fütterung ein Motorino angeknattert kam und direkt vor mir hielt. Herunter stieg Bepe, der Allerhandmann und Literatur-Experte der ersten Tage. Er hatte eine Plastiktüte mit Brotresten bei sich.
»Bepe!« rief ich überrascht, »ist das etwa Ihr Hund?«
»No, Signora, ich verpflege ihn nur.« Er sagte doch tatsächlich: verpflegen! »Wollen Sie ihn kaufen, Signora?«
»Ich will ihn nicht kaufen, ich will wissen, warum

das arme Tier hier so mutterseelenallein an der Kette gehalten wird. Das ist doch Unrecht!«
»Ich soll einen Käufer für ihn finden. Ich kann ihn aber nicht bei mir haben, er macht mir die Hühner nervös, sie legen dann nicht mehr.«
Nervöse Hühner! Wenn das nicht literarisch ausgedrückt war!
»Wem gehört der Hund denn?«
»Einem Signore aus Florenz.«
»Dann sagen Sie dem Signore aus Florenz einen schönen Gruß von mir, ich würde ihn auch gern an einen Baum binden bei Wasser und Brot.«
Ich war wütend.
»Signora«, beschwichtigte mich Bepe, »in einer Woche ist Jagdbeginn, dann kommen die Jäger hier vorbei, und es findet sich bestimmt ein Käufer. Es ist ja ein guter Jagdhund, da macht es vielleicht nichts, daß er schielt.«
»Was tut er?«
»Er schielt. Drum soll ich ihn ja verkaufen.«
Ich glaubte, nicht recht gehört zu haben. Da wollte also ein eitler Macho seinen Hund loswerden, weil das eine von Diogis warmen, dunklen Augen einen leichten Silberblick hatte! Es war nicht zu fassen!
»In dessen Herz würde ich gern mal reinschauen«, sagte ich, als ich zu Hause berichtete.
»Er wird keins haben«, meinte mein Mann.

Inzwischen hatte die Jagd begonnen. Schon im Morgengrauen ging das Geknalle los und dauerte tagsüber an. Mein Hieronymus war den ganzen Tag grantig, wie jedes Jahr zu Beginn der Jagdsaison. Diogi lag weiter an der Kette, niemand interessierte sich für ihn.

Eines Abends, zwei Wochen später – wir saßen am Kamin und spielten Skat mit unseren Hausgästen aus Deutschland –, läutete es.

»Wir sind nicht da«, sagte der Hausherr.

Es läutete ein zweites Mal.

»Los, Maiglöckchen, erschreck die Einbrecher!«

Fränzi machte einmal »wau!«.

Es klingelte erneut.

Ich stand auf und ging, um nachzusehen.

Vor dem Gartentor, neben seinem knatternden Motorrad, wartete Bepe. Seine ganze Haltung verkörperte Wichtigkeit. Gewiß hatte er einen Käufer für Diogi gefunden und wollte gelobt werden!

Statt dessen teilte er mir mit, daß der Signore aus der Stadt uns den Hund schenke.

Das hieß, er hatte Diogi nicht losgebracht und wollte ihn auf diese einfache Weise vom Halse haben. Am liebsten hätte ich dem Signore aus der Stadt durch Bepe ein gewisses Goethe-Zitat zur Antwort gegeben – die italienische Version war mir bekannt. Sie gehörte zum Repertoire von Herrn Wohlgeboren. Aber in Gedanken sah ich

Diogi auf dem Karren stehen und sehnlichst Ausschau halten.
»Ist gut, Bepe!« sagte ich. »Morgen hol ich ihn.«
Wie sollte ich es meinem Mann beibringen? Mir war nicht ganz wohl zumute. Als ich ins Wohnzimmer zurückkam, gab mir ein Grand mit Vieren eine kleine Galgenfrist, bis der Hausherr sich zufrieden zurücklehnte: »Ihr seid Schneider, meine Lieben.« Und dann: »Wer war der Störenfried?«
»Es war der Bepe.«
»Ist er den Diogi losgeworden?«
»Ja.«
»An wen denn?«
»An mich. Er hat ihn uns geschenkt.« Es war heraus.
»Ich schwör dir«, beeilte ich mich, »ich schwör dir, es wird keine Schwierigkeiten geben. Der Hund kann einstweilen in Wilhelms Hütte wohnen, er kann draußen bleiben, er kann … er kann …«
»Stottere nicht!«
»Eigentlich könnten wir einen Hund brauchen«, sagte unser Besuch.
Wie wohltuend schlichte Sätze doch sein können!

✲

Gleich nach dem Frühstück holten wir Diogi ab, vier Mann hoch. Obwohl es nicht die Zeit war, zu

der ich sonst zu kommen pflegte, stand er schon auf dem Karren, wartend. Und dann stürzte er sich auf jeden von uns, wie immer ganz aus dem Häuschen vor Freude.
»Ruhig, Hektor!« sagte mein Mann. »Benimm dich! Jetzt geht's um die Wurst.«
Wir lösten ihn von der rostigen Kette, und sein zukünftiges Frauchen nahm ihn an die mitgebrachte Leine. Diogi zog mit ihr davon, als sei er ein Schlittenhund, der das Rennen gewinnen muß.
Noch am selben Abend wurde von Diogis neuen Besitzern die Maxime für seine Erziehung formuliert. Bei aller Tierliebe: Strenge war vorgesehen. Von Leinenführung, Abrichten war die Rede, von einer Hundehütte im Garten, von Kurzhalten, von Disziplin. Der, den es anging, schlief derweil in Wilhelms Hütte, satt und selig.
Drei Tage noch beherbergte »Wilhelmsruh« den sozialen Aufsteiger, dann kam der Abschied.
»Ciao, Diogi, vergiß uns nicht! Und mach uns keine Schande, hörst du?« Ich tätschelte ihn noch einmal ausgiebig, bevor er auf dem Rücksitz des Mercedes Platz nahm.
»Aus der Blechtonne ins Luxusgefährt, complimenti, Diogi!« schloß mein Mann sich an. »Und besuch uns mal!«

Er besuchte uns noch öfter. Der Mercedes, dem er entstieg, als er nach zwei Jahren zum erstenmal wiederkam, war eine Nummer größer als der, mit dem er einst ins *dolce vita* aufgebrochen war, und hatte Klimaanlage, »um ihm das Reisen angenehmer zu machen«. Auch er selbst kam mir um einige Nummern größer vor, er war stattlich geworden.

Aus dem Kofferraum quollen Mengen von Kissen und Decken als Ersatz für sein gewohntes Bett. Dann folgte ein Karton mit Diogis bevorzugter Dosennahrung und einer mit Diogis bevorzugtem Betthupferl. Halsband und Leine, Kamm und Bürste waren vom Feinsten. Es war klar: Diogis Charme hatte einige Abänderungen im Erziehungsprogramm bewirkt, nur der strenge Gehorsam war noch in Kraft: Frauchen und Herrchen folgten aufs Wort.

Sehr reserviert betrachtete Fränzi diesen wohlgenährten Pascha, um den sich plötzlich alles drehte. Er zeigte übrigens nicht das geringste Interesse an ihr, und auch wir waren nur noch Randfiguren für ihn, die er mit einer aufreizenden »Sehr-erfreut-Sie-kennenzulernen«-Freundlichkeit begrüßte, während sein berühmter Silberblick anbetend an seinen Leuten hing.

Er schien die Zeit seines Elends vergessen zu haben, die rostige Kette um seinen mageren Hals, das faulige Wasser, das schimmelige Brot, die

Tonne, die Einsamkeit, das Warten, das Hoffen auf unser tägliches Kommen und uns selbst.
»Diogi«, sagte ich, »das ist bodenlos von dir! Der Hund Argos hat den Odysseus noch nach zwanzig Jahren wiedererkannt, obwohl der ihm bestimmt nicht sechzig Tage lang Spaghetti mit Sugo gebracht hat wie ich dir! Morgen gehen wir beide mal zur Tonne, vielleicht fällt dann der Groschen!«
»Das wirst du nicht!« sagte mein Mann, und er meinte es ernst. Er wußte um die Gnade des Vergessenkönnens, gerade weil sie ihm nicht gegeben war.
Und Fränzi? Erinnerte sie sich? Erkannte sie in dem verwöhnten Pascha den mageren Kaspar Hauser von damals wieder?
»Ich möchte zu gern wissen, was sie denkt, wenn sie so auffallend still in der Ecke liegt und zu Diogi hinüberstarrt«, sagte ich.
Am nächsten Morgen wußten wir es: Maiglöckchen hatte wieder einmal der Eifersucht gefrönt, und ein sehr verdutzter Diogi paddelte im Schwimmbassin umher.
Aber wie es so geht, wenn das Glück sich für einen entschieden hat: Das Attentat mißlang. Diogi entstieg dem Bassin aus eigener Kraft und bestens gelaunt. Er hatte das Bad als so erfrischend empfunden, daß er nur mit Mühe von Wiederholungen abzuhalten war.

Das Glück blieb ihm hold bis in sein methusalemisches Alter.
Wie seltsam das Leben doch manchmal spielt! Ohne den Makel des Silberblicks wäre er nicht verstoßen worden. Und ohne seine Verstoßung wäre er dem Glück nicht begegnet.
»Da siehst du, wozu schielen gut ist«, sagte mein Hieronymus und ahmte dabei Diogis Silberblick nach.

## 15.

Ein Regenguß im August ist für einen südlichen Garten ein unverhofftes, ein wunderbares Geschenk. Nicht nur, daß man förmlich zu hören glaubt, wie Baum und Strauch das köstliche Naß gierig in sich hineintrinken. Es ist, als feiere der Garten, der sich so lang unter der sengenden Sonne geduckt hat, seine Auferstehung.
Auch wir, die wir mit der Natur gelitten haben, sind nun vergnügt und unternehmungslustig.
»Fein! Jetzt können wir endlich brennen!« Hieronymus kommt aus dem Gehäus, und wir schicken uns an, ein Feuer zu machen und ihm alles angesammelte Dürre und Vertrocknete und Verwelkte zu übergeben.
Ich laufe und suche nach alten Zeitungen »zum Anmachen« und bringe sie zur Feuerstelle. Aber bevor sie ihren letzten Zweck erfüllen, muß der Brenn-Experte, auf die Mistgabel gestützt, noch drin herumlesen. Er kann Zeitungen nicht leiden, er liest sie nie, solange sie neu und aktuell sind. Erst jetzt, im Zustand von Makulatur, interessieren sie ihn für einen flüchtigen Augenblick. Es amüsiert ihn, zu sehen, wie der Lauf der Zeit die aufge-

regten Schlagzeilen, die selbstgefälligen Kommentare, die weisen Ratschläge der Alles-besser-Wisser inzwischen der Lächerlichkeit preisgegeben hat.

Diesmal reichte er mir eine Zeitungsseite und sagte: »Das ist für dich!« Es war, in einer alten Sonntagsbeilage der *Süddeutschen*, ein Gedicht:

»Römische Hundeliebe«
MARCUS VALERIUS MARTIALIS
(40–104 n. Chr.)

Das Hündchen Issa, dieses neckisch-kleine,
das Turteltäubchen übertrifft an Reine,
das köstlich ist wie Indiens Edelsteine,
das alle holden Mädchenreize schmücken,
ist seines Herren stündliches Entzücken.
Es äußert Freud' und Kummer im Gesicht,
und wenn es winselt, meint man rein,
es spricht.
Am Hals des Herren hält es seinen Schlaf,
daß man sein Atmen nicht verspürt, so brav.
Und hat es ein Bedürfnis und muß raus,
so kommt ihm nie auch nur ein Tröpfchen aus.
Es weckt den Herrn mit sanfter Pfote auf,
damit er's runter heb und wieder rauf.
Die reinste Unschuld ist's in Liebesdingen.
Wie so was mit 'nem Mann zusammenbringen?
Auch wird für dieses zarte Jüngferlein

nicht leicht ein Würdiger zu finden sein.
Damit wir's durch den Tod nicht ganz
verlieren,
ließ sein verliebter Herr es porträtieren.
So ähnlich ist dies Bild, du glaubst, es spricht.
So ähnlich ist sich Issa selber nicht.

Ich las es mit Vergnügen und sah Issa lebhaft vor mir.
»Weißt du«, sagte ich, »wenn wir alt und grau sind und solchen Rowdys wie Fuchsi und Fränzi nicht mehr gewachsen, dann legen wir uns eine Issa zu. Ein Schoßhündchen, hieß das früher.«
»Einen Sofarutscher meinst du, so überzüchtet wie die aprikosenfarbene Peggy mit ihrem Zitterich.«
»Ach, geh! Nein, einfach ein zartes, kleines Hundefräulein, so anschmiegsam, daß man es sich gegen das Zipperlein wärmend auf die Schulter legen kann …«
»Das Zipperlein sitzt in den Beinen!«
»Na gut … das man sich auf die schmerzenden Beine legen oder als kleinen Muff zum Händewärmen im Schoß halten kann. Alte Leute frieren leicht. Vergiß nicht, zu meinem achtzigsten Geburtstag wünsch ich mir eine Issa von dir.«
»Wenn du achtzig bist, wäre ich dreiundneunzig«, sagte Hieronymus. Er hatte für sich den

Konjunktiv benutzt. Gut, daß das Feuerchen gerade lebhaft zu prasseln begann.

*

Es gibt Ereignisse, auf die man, ohne es zu wissen, schon eingestimmt ist. Die »Römische Hundeliebe« war wie das *prèlude* für die Überraschung, die einige Tage später auf uns wartete. Vor der Garage kauerte, eng an die Mauer gedrückt, ein kleines Hündchen. Ich starrte es an: Das Köpfchen sah ganz nach Issa aus, ein bezauberndes Köpfchen mit einem schwarz-weißen, lockigen Astrachan-Pelzchen bedeckt. Der kleine Körper aber bot einen schauerlichen Anblick. Er war nackt, völlig nackt und so blutrot, als habe der Schinder dem Tierchen das Fell abgezogen. Es rührte sich nicht, es sah vor sich hin mit der gleichen Schicksalsergebenheit wie Wilhelm damals, als ich ihn fand.

Das Herz schlug mir vor Erbarmen, und meine Lieblingsstelle aus »Pastorale« fiel mir ein, in der der alte Mann mit einem Finken über das Sterben spricht. »Aber wenn du krank und schwach wirst, spürst du dann das Nahen des Todes? Ja? Und? Und? Ergibst du dich dann? ...«

Ich riß mich von dem Anblick los und rannte ins Haus.

»Bitte, komm schnell«, rief ich, »sie haben uns

einen sterbenskranken Hund vor die Garage gelegt.«
Mein Mann reagierte wie immer, wenn Mensch oder Tier ihn brauchten: umsichtig und rasch.
»Faß ihn nicht an«, sagte er, nachdem er das Elend in Augenschein genommen hatte. »Zieh dir Gummihandschuhe an, und pack ihn in ein altes Handtuch. Wir fahren sofort in die Klinik mit ihm.«

*

In Dr. Wurzelgolds Hundeklinik herrschte Hochbetrieb. Halb Florenz hatte vor dem Ferien-Exodus aus der Stadt seine Vierbeiner hier in Pension gegeben. Es jaulte und bellte und winselte konzertant aus jeder der überbelegten Boxen. Der *dottore* schritt geistesabwesend durch die Reihen, und wenn sein neuestes Spielzeug, ein schnurloses Telefon, schrillte, mußte er hineinbrüllen, um den allgemeinen Krach zu übertönen. Endlich nahm er uns wahr.
»Wie gett?« fragte er auf deutsch, ein Zeichen, daß er uns trotz aller Konfusion erkannt hatte.
»Male«, antwortete ich, schlug das Handtuch zurück und hielt ihm das erbarmungswürdige Bündel vor die Augen. Auf einmal war er konzentriert. Mit einem »poveretto« nahm er mir den *poveretto* ab, ging uns voraus ins Sprechzimmer und legte ihn auf den Untersuchungstisch. Es war, wie

sich herausstellte, ein Hundemädchen, und es hatte die »rote Räude«.
Die rote Räude, erklärte uns der *dottore*, war so ungefähr das Letzte, was uns begegnen durfte. Sie war in höchstem Maße ansteckend für Mensch und Tier, und aus der Art, wie er sich plötzlich um Fränzis und unser Wohl sorgte, merkte ich, daß er uns gern vorgeschlagen hätte, das arme Tier einzuschläfern. Doch er wagte es nicht.
»Aber eine Räude muß doch heilbar sein?«
Er schilderte uns eine langwierige und kostspielige Prozedur mit täglichen Bädern in Schwefeldioxyd, mit Wasch- und Schmierkuren, Antibiotika etc., es hörte sich sehr nach Roßkur an.
»Bitte, versuchen Sie es, Dottore.«
Die Isolierstation war trostlos, ein alter Schuppen im hintersten Teil des Geländes, dunkel und muffig. Eine Reihe von engen Käfigen war neben- und übereinander installiert. Die Käfige waren alle leer. Der Adlatus des *dottore* schob das rote Bündel in einen davon und brachte an der Käfigtür die *cartella clinica* mit den Daten und Behandlungsanweisungen an.
»Wie heißt der Hund, Signora?« fragte er, den Stift gezückt.
»Issa«, sagte ich.

*

Jedesmal, wenn ich Issa besuchen kam, wollte mir schier das Herz brechen. Durch das Gitter

schaute mich ein trauriger, stummer Gefangener an oder vielmehr: Er schaute nicht mich an, er schaute ins Leere.
Wenn ich mich bei Dr. Wurzelgold nach den Fortschritten der Behandlung erkundigte, sagte er: »Sär gutt!«, »Molto gutt!« – aber ich konnte keine Fortschritte entdecken außer dem, daß die Kosten für den Klinikaufenthalt allmählich dem Ferienbudget eines bescheidenen Italieners entsprachen.
Erst nach acht Wochen – ich kam gerade rechtzeitig zu der Badeprozedur zurecht – zeigte sich plötzlich eine Wende: Die Röte schien blasser, das Körperchen weniger nässend zu sein. Nun ging es aufwärts. Man befreite Issa aus der Isolierstation, und in der geräumigen Box konnte ich sie zum erstenmal ohne Bedenken auf den Arm nehmen. Das Schlimmste war überstanden.
Dann begannen die Härchen zu sprießen und wuchsen ziemlich schnell zu einem hübschen Pelzchen aus schwarzen und weißen Locken heran. Als wir das Findelkind schließlich nach Hause holten, hielt es dem Vergleich mit der römischen Ahnfrau durchaus stand:

So ähnlich ist es dem Gedicht
so ähnlich war sich Issa selber nicht.

Sie war ein zweiter Wilhelm, ein Sorgenkind, schüchtern, still, eifrig, dankbar. Und wie Wilhelm: am liebsten im Schlepptau hinter mir. Kein Schoßhündchen, ein Fersenhündchen!
Und immer hatte ich das Gefühl, Issa lebe »auf Zehenspitzen«. Nie war sie ausgelassen oder übermütig, nie bellte sie, nie störte sie, quengelte sie, nie drängte sie sich vor. Sie war wie ein stummes Geistchen, das zwischen uns weilte. Sie aß zögerlich und wenig, und sie fror leicht. Am liebsten lag sie in der prallen Sonne und schaute still dem Kraftprotz Fränzi zu, die auf Autojagd den Zaun entlangsauste oder sich wohlig grunzend im Gras wälzte oder so geräuschvoll an einem Knochen nagte, daß es klang, als sei irgendwo eine Säge am Werk.
Fränzi war übrigens nicht im geringsten eifersüchtig, sie nahm Issas schüchterne Unterwürfigkeit mit freundlicher Herablassung, fast erfreut, entgegen.
Das Geistchen war auch in dieser Hinsicht problemlos. Es war alles im Lot. Ein ganzes Jahr lang. Dann war Issas Lebensührchen abgelaufen.
Sie hatte immer wie ein Spatz gegessen, plötzlich verweigerte sie alle Nahrung. Sie schien keine Schmerzen zu haben, nur: Sie aß nichts mehr. Als weder Arzt noch Medizin halfen und nur noch künstliche Ernährung sie vor dem Verhungern hätte bewahren können, willigten wir in den Vor-

schlag des Dr. Wurzelgold ein, Issas Bäuchlein zu öffnen und nach dem Übel zu suchen. Ich hatte sie im Arm, bis man sie auf den Operationstisch legte, ich hielt ihr Pfötchen, bis sie eingeschlummert war. Dann wartete ich draußen, bis man mich rief. Ich sah in Issas Bäuchlein hinein, und der Arzt zeigte mir, wo überall der Krebs sein Zerstörungswerk verübt hatte. Bestimmt war das die Spätfolge der giftigen Roßkur, die sie wegen der Räude hatte durchmachen müssen.
»Bitte«, sagte ich, »sie soll nicht leiden. Erlösen Sie sie, ehe sie noch einmal erwacht.«
Ich trug sie heim, wir legten sie in ihr Bettchen und schaufelten das Grab. Gelbe Schwertlilien blühen darauf. Jedes Jahr. Immer noch.

# 16.

Was für ein trauriger Geselle der November im Norden doch ist mit seinen Nebeln und Frösten und Dunkelheiten! Hier dagegen, auf den Hügeln um Florenz, kann er ein allerliebster Monat sein.

Die Morgen sind recht frisch, ein Schleierchen Dunst wabert um die Baumkronen herum und löst sich langsam auf. Die Sonne kommt durch und bringt das herbstliche Gold unserer Linde und das lackierte dunkle Grün des Lorbeers zum Leuchten. Der Duft von gekelterten Trauben liegt in der Luft. Noch ist es still, morgenstill. Aber dann, wie auf Kommando, beginnt der ganze Hügel zu singen, zu pfeifen, zu schwatzen: Die Olivenpflücker haben ihre hohen Leitern in Stellung gebracht und sind auf die Bäume gekraxelt. Die Ölernte beginnt.

Wir sind noch beim Frühstück, als es klingelt: Bruno rückt an, mein Ernte-Assistent.

»Auf geht's. Ich muß raus!«

»Bleib doch noch, bis das Pfeifchen zu Ende ist!«

»Nein, es geht nicht. Wir werden sonst nicht fertig bis zum Termin in der Ölmühle.«

»Bitte, paß auf, ja? Ich pfeif auf das Öl, wenn du dir dabei die Knochen brichst.«

Fränzi überlegt kurz, wem sie Gesellschaft leisten soll. Dem Herrchen im Gehäus? Das läuft ihr ja nicht weg. Sie geht mit nach draußen. Sie liebt die Erntezeit, das schwatzende Leben auf allen Terrassen, sie macht Besuche ringsum, trifft zwei- und vierbeinige Freunde und nimmt an vielerlei Brotzeiten teil.

Bruno hat seinen Henkelmann im Gras abgestellt, sie schnuppert erfreut bei der Aussicht auf Spaghetti mit Sugo. Dann sitzen wir auf dem ersten Baum und pflücken. Unter den Baum haben wir einen alten US-Fallschirm aus dem Zweiten Weltkrieg ausgebreitet. Auf ihn regnen die Oliven herunter, es hört sich an, als graupele es. Die Früchte – der Baum trägt die Mulinelle im Gegensatz zu den größeren Frantoie – sind rund und dunkelblau und fühlen sich prall und glatt an. Sie zu berühren ist köstlich. Um nichts in der Welt möchte ich mit einem Olivenkamm arbeiten, obwohl es schneller ginge.

Die Sangesfreudigkeit auf den umliegenden Terrassen und Feldern erfaßt nun auch Bruno. Sein Repertoire ist konservativ: »O sole mio«, »Rose rosse«, »Madonna fiorentina«. Auf dem Feld hinter uns ist man moderner, da pfeift einer: »Trenta, quaranta, la pecora canta«, den neuesten Gassenhauer.

Unter uns, auf der Straße, rumpelt ein Traktor mit prall gefüllten Olivensäcken vorbei. Er gehört dem *dottore*, dem Herrn von »Povero Hhhhalbert«.
»Heee! Zelindo!« ruft Bruno vom Baum hinunter und bringt das Gefährt zum Stehen. Bei laufendem Motor und reichlich Dieselparfüm fachsimpeln sie: Wieviel Doppelzentner hast du geladen? Habt ihr schon einen Teil gepreßt? Wie ist das Öl? Wie ist die *resa*? Wo laßt ihr mahlen? ... Inzwischen kommt eine *Ape* angerattert, ein Dreirad-Auto, auf dessen Ladefläche drei riesige Korbflaschen mehr tanzen als stehen. Celindo muß Platz machen.
»Ciao, Bruno! Buon giorno, Signora!«
Wir sind beim Abernten des dritten Baumes und Bruno bei der dritten Wiederholung von »O sole mio«, als wir die Haustür gehen hören: Der *padrone* kommt nach seinem Gesinde schauen. Ich rutsche vorsichtshalber ein bißchen tiefer, Bruno dagegen kraxelt halsbrecherisch noch einen Ast höher hinauf, er hofft auf Bewunderung von maßgeblicher Seite.
»Buon giorno, Signor Giovacchino! Wollen Sie raufkommen?«
»Im Gegenteil. Ich will, daß ihr jetzt runterkommt. Es ist Mittag.«
Tatsächlich fängt im selben Augenblick die Kirchenglocke zu bimmeln an, verstärkt durch einen langgezogenen Heulton, der aber nicht von einer

Sirene, sondern von Fränzi kommt, die das Mittagsläuten nicht ausstehen kann und herzerweichend dagegen ansingt.
»Los, Fränzi! Rein jetzt. Und Frauchen auch.«
Fränzi stoppt die Kadenz, duckt sich flach ins Gras, dort, wo der Henkelmann wartet.
»Geht nur voraus, ich komme nach, sowie ich Brunos Spaghetti probiert habe«, soll das heißen.

*

Nach zehn Tagen – kein Tropfen Regen hat die Arbeit behindert – ist es geschafft. Wie ein dicker blauer Teppich liegen die Oliven auf der überdachten Veranda ausgebreitet. Es ist ein Bild, das mich immer aufs neue so entzückt, daß es sogar in meinen Träumen wiederkehrt.
Nun wird es aufregend: Säcke einfüllen, zubinden, kennzeichnen, die Fracht ins Auto laden und – in mehreren Fahrten – zum Frantoio, zur Ölpresse tuckeln. Dann zwei spannende Momente: Zuerst das offizielle »Wiegen«, das fast so zeremoniell wie vor einem Boxkampf vor sich geht. Unter gespanntem Schweigen legt der *capo* der Mühle die Gewichte auf die Waage, auf die wir unsere Säcke getürmt haben, eins und immer noch eins, tariert aus bis auf das Gramm, überprüft, korrigiert, prüft aufs neue und greift schließlich zur Kreide: »Vernao, 5 ½ quint«, schreibt er auf die

Schiefertafel. Fünfeinhalb Doppelzentner, wunderbar! Sofort stelle ich eine provisorische Rechnung an. Die *resa*, die Ergiebigkeit, soll in diesem Jahr bei einundzwanzig Litern pro Doppelzentner Oliven liegen. Das sind nach Adam Riese einhundertfünfzehn Kilo Öl. Die Hälfte davon geht als Lohn an Bruno. Bleiben also rund sechzig Liter, genug für uns und unsere Freunde.
Und dann der zweite spannende Moment: Wann werden wir an der Reihe sein mit Pressen? Hoffentlich nicht wieder um zwei Uhr nachts wie im vorigen Jahr? Was? Heute abend noch? *Benone!* Sehr gut! Um wieviel Uhr? Wir sollen uns um zwanzig Uhr bereithalten? *Bene! Grazie! A dopo!*

Ein seltsames Glücksgefühl umfängt einen, wenn man aus dem nächtlich stillen, dunklen Hof in die altmodische, etwas heruntergekommene, stockfleckige Mühle eintritt. Helligkeit, Wärme, der starke Duft des jungen Öls, das monotone Geräusch der sich drehenden Mahlsteine, das rhythmische Klappern der Maschinen, das alles hat etwas herrlich Urtümliches, ja, etwas Breughelsches. Breughels Bild »Besuch beim Pächter« kommt der Sache sehr nahe.
Bruno ist schon an der Arbeit, als ich um zwanzig Uhr eintreffe. Wir haben zu tun. Da der Mahlvorgang nicht vollautomatisch ist, müssen wir immer wieder Hand anlegen, das Waschen der Oliven

besorgen, später den Olivenbrei auf die Bastmatten verteilen, diese dann übereinandergetürmt unter die hydraulische Presse schieben, später die Preßrückstände von den Matten herunterschlagen und sie ordentlich in eine Ecke schaufeln. Zwischendurch sitzen wir an dem langen Holztisch bei den Bauern, die gerade zusammenpacken oder auf ihren Turnus warten, legen Holz in den Kanonenofen und rösten uns ein Brot, um es dann unter den zartgrünen Faden frischen Öls zu halten, der aus der Zentrifuge fließt.
Gegen elf Uhr – wir sind gerade beim Umfüllen des fertigen Öls in unsere Kanister – steht plötzlich mein Mann in der Tür. Ich seh ihm an, daß er eigentlich nicht hier, sondern noch in Potsdam ist. Er hat, am Preußenbuch arbeitend, den Abend mit Friedrich II. verbracht, und der Wechsel von Sanssouci in die alte Mühle ist noch nicht ganz geglückt.
Den um den Tisch versammelten Bauern muß er wie ein fremder Vogel vorkommen, der sich hierher verirrt hat, aber der fremde Vogel sagt: »Buona sera, Signori« und bringt es mit seinem rührenden Anstand gegenüber jedermann fertig, daß die »Signori« sogleich zusammenrücken, um ihm Platz zu bieten, ihm ein Brot rösten, ihm ihren Wein aufdrängen, ihm ein Stück Panettone absäbeln. Sie sprechen im Infinitiv zu ihm, weil sie glauben, daß er dann ihr Italienisch leichter

versteht. Ich weiß, wie er das haßt, aber er läßt es sich nicht anmerken, sagt »si, si« und »davvero« und »diamine« und »magari«, wo es hinpaßt, und alle freuen sich, daß der fremde Vogel in ihrer Sprache zu zwitschern versucht.

Inzwischen haben Bruno und ich das Öl abgewogen und redlich geteilt, unsere Behälter in die Autos verstaut, dem Capo in seinem Büro den Obolus für das Mahlen entrichtet. Das Terrain ist bereit für die nächste Runde, die Männer am Tisch machen sich fertig zum Arbeiten, wir brechen auf. Wir sagen »grazie« und »buon lavoro« und »Auf Wiedersehen im nächsten Jahr«, und sie antworten mit »Arrivederci« und »felice notte«.

Das Mondlicht liegt wie ein milder Schleier über den Olivenhainen und dem Weg, auf dem wir langsam nach Hause zuckeln.

»Felice notte! Wunderschön klingt das, nicht? Glückliche Nacht! Auf deutsch würde das schwülstig klingen. Du hast übrigens gar nicht gefremdelt, Junge, wieso eigentlich nicht?«

»Weil ich zwischen lauter Masaccio- und Ghirlandaio-Modellen saß«, sagt mein Mann.

*

An solch einem bukolischen Novembertag verunglückte Fränzi tödlich. Es war ein Tod, wie man

ihn sich wünschen müßte: Nach einem glücklichen Leben, an der Schwelle zu den Bitternissen des Alters, aus einem fröhlichen Tag heraus, ahnungslos, sorglos, schmerzlos.
Es ist wahr, das ist ein großer Trost. Aber er wirkt erst nach Jahren.

# 17.

Der Kerl sah äußerst verwegen aus: struppig, zottelig, finster, rabenschwarz, mehr Teufel als Hund.

Er hockte in der Quarantäne-Box des Dr. Wurzelgold und wartete auf seinen Abtransport ins Tierheim. Von mir, die ich vor dem Gitter stand, nahm er keine Notiz. Vielleicht konnte er mich nicht sehen, die schwarzen Zotteln hingen ihm bis über die Augen. Seine Details waren überhaupt schwer auszumachen, er wirkte als Gesamtkunstwerk.

»Wie alt mag er sein?« fragte ich den Wärter, der mich zur Box begleitet hatte.

»An die fünf Jahre, denke ich.«

»Und wie lang ist er schon hier?«

»Seit einer Woche.«

»Ist er ausgesetzt worden?«

»Ein Bauer hat ihn in seinem Hühnerstall erwischt, als er gerade dabei war, das siebenundzwanzigste Huhn abzumurksen!«

Ich war beeindruckt. Er sah also nicht nur verwegen aus, er war es auch.

»Kann ich mal zu ihm reingehen?«

Ein leichtes Grumeln durchlief den Teufel, als ich ihm in die Zotteln griff.
»Na, du Selbstversorger, du Hühnermörder? Laß dich anschauen! Wie wär's mit uns beiden?«
Er rührte sich nicht. Vielleicht überlegte er sich mein Angebot. Plötzlich aber drehte er sich um, lief die paar Schritte zu der Hundehütte in der Ecke des Zwingers und bellte wütend hinein.
»Ist da noch einer drin?«
»Ja«, sagte der Wärter, »eine Hündin.«
Er griff in die Hütte und zog sie heraus, obwohl sie sich mit allen vieren dagegenstemmte.
»Was ist los, hat sie Angst?«
»Sie ist sehr verschreckt. Sie war tagelang an einen Alleebaum gebunden, bevor der Tierschutz sie fand.«
Sie war ein Mischling, aber alles an ihr war edel: der schöne schmale Kopf, die warmen Augen, das glänzende schwarze Fell mit der schneeweißen Blesse auf der Brust, die reservierte Haltung, der rührende Ernst.
O Qual der Wahl! Mein Herz durfte ich nicht fragen, es hätte gesagt: Nimm beide. Also mußte ich die Vernunft entscheiden lassen. Aber meine Vernunft war leider nicht mitgekommen, sie saß zu Hause und arbeitete.
Ich fuhr also unverrichteter Dinge heim und berichtete von den beiden Kandidaten. Dabei

wurde der Teufel in der Schilderung immer verwegener und das schwarze Mädchen immer edler.

»Na, na, übertreib nicht! Mal nüchtern: Was spricht für den Teufel?«

»Die Neugier auf sein personaggio. Du glaubst nicht, wie ulkig er ist!«

»Und was spricht für das Mädchen?«

»Seine Haltung. Und das Erbarmen. Es hat viel gelitten, sagt der Wärter.«

»Aber du möchtest lieber den Teufel?«

»Ich möchte mich nicht entscheiden müssen.«

Wir nahmen uns vor, vernünftig zu handeln. War es vernünftig, einen Teufel zum Hausgenossen zu machen? War ein Hühnermörder resozialisierbar? Wir beschlossen, den alten Chiari zu befragen. Auf dem Weg dorthin kam uns Bepe entgegen, und da zwei Meinungen besser sind als eine, hielten wir ihn an.

»Bepe, Sie sind doch ein Kenner«, begann mein Mann scheinheilig, und Bepe wuchs sofort um zehn Zentimeter. »Können Sie uns erklären, was in einem Hund vorgeht, der hintereinander siebenundzwanzig Hühner reißt?«

Bepe lief rot an.

»Erschossen gehört er! Erschossen! Der soll sich nur an meinen Stall rantrauen, peng!, schon hab ich ihn umgelegt. Da gibt's kein Pardon! Wo ist er? Wo ist er?«

»Danke, Bepe. Es war nur eine theoretische Frage. Wie geht's der Signora?«
Er schaltete mit Mühe um. Seiner Signora ging es gut, sie war seiner Meinung, daß hühnerreißende Hunde erschossen gehören und die Besitzer solcher Bestien dazu.
Da hatten wir nun das Expertenurteil Nummer eins.
Experte Nummer zwei, der weißhaarige Renzo, saß, als wir ankamen, mit seiner weißhaarigen Lina auf dem Bänkchen vor der Haustür, und beide sahen, vom Nußbaum beschattet, dem Weltgetriebe auf dem Kirchplatz zu. Das Weltgetriebe bestand darin, daß ab und zu ein Auto den Berg hinaufschnaufte, daß Anna vor der Kirchentür den Besen schwang, um die Reiskörner, letzte Spuren einer Trauung, wegzukehren, und daß eine schwarze Katze (»von links, Glück bring's«) über den Platz schnürte.
Wir setzten uns zu Philemon und Baucis auf das Mäuerchen und hier, ohne daß er es wußte, wurde das Urteil über den Hühnermörder gefällt: Nicht resozialisierbar.
»Nie«, sagte der alte Chiari, »wird ein Köter, der einmal so etwas getan hat, vom Blutrausch lassen! Auch nicht, wenn Sie ihn halbtot prügeln. Er kann ein netter Hausgenosse werden, aber sowie er ein Huhn gackern hört, wird er durchdrehen. Und hier gackert es dauernd!« Er lachte.

»Im Ernst, Signori, tun Sie sich das nicht an. Sie werden die Polizei auf den Hals kriegen, Sie werden dauernd für getötete Hühner zahlen müssen, auch wenn die gar nicht alle aufs Konto Ihres Hundes gehen. Sie wissen doch, wie schlecht die Welt ist. Glauben Sie mir, es hat schon mancher seine gute Tat bitter bereuen müssen. Ich rate Ihnen, Signora, vergessen Sie ihn!«
Ich vergaß ihn nicht. Nie. Aber ich konnte ihn nicht anschauen, als ich tags darauf das Hundemädchen aus dem Zwinger holte.

✲

Wir tauften sie Maxi.
Sie glich ihren Vorgängern weder äußerlich noch im Charakter. Sie war leise, sanft und zurückhaltend, »molto distinta«, fanden die Italiener, »sehr vornehm«.
Das stimmte. Es war ganz unmöglich, sie sich Schuhe knabbernd oder laut gähnend oder als Schnarcher unter dem Schreibtisch vorzustellen. Niemals wäre ihr eingefallen, mit einem Quietschtier durchs Haus zu lärmen oder den Fußabstreifer mitten ins Zimmer zu schleudern. Und dennoch war es, als sei das Fränzchen zurückgekehrt und in diese schwarze Damenhaftigkeit geschlüpft, so unverändert innig dauerte die Liebe zu ihrem Herrn fort. Vier Jahre Leben

hätten Fränzi biologisch noch zugestanden, vier Jahre lang lebte sie in Maxi weiter, dann starb sie noch einmal.

Wie gut, daß man nicht in die Zukunft sehen kann. Man weiß den Tod, aber man glaubt ihn nicht.

Doch erst einmal war Maxi da, und mit ihr kehrte nach vielen Wochen zurück, was unser Florentiner Leben wie eine heitere Melodie begleitet hat: Die Nähe eines Geschöpfes, das völlig im Einklang mit seiner Natur lebt, das – wie mein Hieronymus es nannte – nicht aus Gottes Hand fallen kann.

Vom ersten Tag an war deutlich, welch guten Griff wir mit dem neuen Hausgenossen getan hatten. Maxi vergaß schnell ihre Ängstlichkeit, vergaß ihr schlimmes Gestern, vergaß, was Menschen ihr angetan hatten. Sie wurde fröhlich, vornehm-fröhlich versteht sich, und zärtlich, vornehm-zärtlich. Es war bühnenreif, wie sie, ganz schwarze Damenhaftigkeit, ins Gehäus »trat«, sich lautlos neben dem Schreibtisch »niederließ«, eine ganze Weile andächtig ihren schreibenden Herrgott betrachtete und dann, sehr dezent, eine Pfote auf sein Knie legte.

»Verzeih, daß ich störe. Darf ich zu dir raufkommen?«

Der Herrgott versicherte ihr, daß sie nicht nur nicht störe, sondern daß es ihm ein Vergnügen sei, seinen Sessel mit ihr teilen und die nächsten Stunden auf der harten Kante sitzen zu dürfen. Er rückte nach vorn bis an den Rand des Stuhls, und mit einem Satz war Maxi oben und nahm in seinem Rücken Platz, um ihm bei der Arbeit über die Schulter zu schauen.

Ihre Blicke folgten interessiert der schreibenden Hand, Zeile für Zeile, als könnte sie mitlesen.

»Gefällt dir das, Mäxchen?« fragte dann wohl der Schreiber nach hinten und hielt ihr das beschriebene Blatt dicht vor die Nase. »Ja? Da bin ich aber froh! Hoffentlich gefällt es den Zweibeinern auch! Das ist wichtig, damit wir immer genug Geld haben, um dir Kalbsknochen zu kaufen. Sitzt du auch gut, meine schwarze Muse?«

Wenn Maxi nicht als Muse im Einsatz war, liebte sie es, im Garten Hof zu halten. Alle möglichen Verehrer, die zu Fränzis Zeiten die Bekanntschaft mit dem Schwimmbassin gemacht und uns danach gemieden hatten, stellten sich wieder ein, aber keiner fand Gnade vor ihr. Bis Natalino kam!

Er tauchte plötzlich auf, ein großer, weißer Schäferhund, ein Bilderbuchhund, ein Märchenhund. »Warum hast du so große Ohren?« »Damit ich dich besser hören kann.« »Warum hast du so dicke Pfoten?« »Damit ich dich besser packen kann!« Anfangs wußten wir nicht, wo er hingehörte und wie er hieß, aber es klärte sich schnell. Er hieß Natalino, weil ihn seine jetzigen Besitzer an Natale, an Weihnachten gefunden hatten, herrenlos, krank, verhungert. Ein Findelkind also auch er.

Als neuer Nachbar kam er fast täglich. Sobald sein sonores, trockenes »Wau« vor dem Fenster ertönte, sprang Maxi von ihrem Musensitz und eilte hinaus zu ihm. Huldvoll nahm sie den täppischen Kotau entgegen, huldvoll wohnte sie der umständlichen Zeremonie bei, mit der der weiße Herr seine Visitenkarte hinterlegte. Dann tänzelten sie miteinander in den Garten hinein. Sie liefen Schulter an Schulter, dicht beieinander, wobei sie beide die Beine warfen, als führten sie die Hohe Schule vor. Schließlich, wie auf Kommando, hielten sie ein, und nun begann das Spiel, an dem ich mich nicht sattsehen konnte, das lautlose, selbstvergessene, zärtliche Spiel zweier glücklicher Kinder.

Einen Moment standen sie sich schwanzelnd gegenüber, dann begannen sie, sich zu umkreisen und sich dabei auch um sich selbst zu drehen. Allmählich kam Fahrt in das schwarzweiße Karussell, und bald war nichts mehr auszumachen als ein Drunter und Drüber, das sich neckte, balgte, stupste, kugelte. Kleine Bisse in das pelzige weiße Ohr, kleine Bisse in ein seidenschwarzes Bein, Hüpfer, Sprünge, Nasenstüber,

Umarmungen, Purzelbäume, wonniges Durcheinander, Weltvergessenheit.
So ging das, mit kurzen Erholungspausen, ein, zwei Stunden, bis schließlich von weitem eine Frauenstimme ein durchaus bühnenreifes »Nataliiinoooooo!« sang, wobei das langgezogene Ooo sirenenartig an- und wieder abschwoll. Das war das Zeichen zum Abschied. Gehorsam trottete Natalino zur Lücke im Zaun, und Maxi gab ihm bis zur Grenze das Geleit. Wenn sie dort noch einen Moment lang beieinander standen, sah es aus, als verabredeten sie ihr nächstes Rendezvous. *A domani! Ciao!*
»Du mußt nicht so toben, Mäxchen«, sagte dann wohl ihr Herr, »mir ist richtig Angst um dein kleines Herz. Wie heftig es wieder schlägt! Es rumpelt und stottert beinahe. Komm, ruh dich aus, und hilf mir schreiben.«
Maxis Herz schlug noch vier Jahre lang. Vier lange, vier kurze Jahre. Dann, an einem sonnigen Oktobernachmittag, fanden wir sie tot im Garten liegen. Natalino hockte neben ihr. Er ging auch nicht weg, als die Sirene ihn nach Hause rief.

*

In »Cäsar läßt grüßen« steht, auf den alten Kaiser Augustus gemünzt, ein Satz, den man wohl nur schreiben kann, wenn man mit dem Tod schon früh Zwiesprache gehalten hat: »Es ist eine große Gnade, nicht zu erschrecken, wenn man das Abendrot sieht.«

In diesem ganzen Jahr muß das Abendrot schon an unserem Himmel gestanden haben. Heute weiß ich, daß mein Mann es gesehen hat und schwieg. Meinethalben schwieg. Ich aber sah es nicht. Glück kann so blind machen.

Mir fiel nur auf, daß Maxis Tod, der doch eigentlich ein gnädiger Tod war, mitten aus dem heiteren Spiel heraus, meinem Mann auf eine beängstigende Art naheging.

Es war eine andere Trauer als meine, es war eine andere Trauer als die, die wir immer empfanden, wenn wir von einem unserer Vierbeiner Abschied nehmen mußten. Sie flößte mir Angst ein, sie war mir unbegreiflich, und ich versuchte alles, die Schatten zu vertreiben, die Wolken zu verjagen, zu trösten, zu überspielen, aufzuheitern. In einer Mischung aus Ratlosigkeit, Furcht und Hoffnung fuhr ich zu Dr. Wurzelgold in die Klinik, holte den einzigen herrenlosen Köter, der dort verfügbar war, und brachte ihn nach Hause. Es war eine braune, magere Mischlingshündin, etwas über ein Jahr alt, besonderes Kennzeichen: ein vernietetes Halsband, das viel zu eng war.

Mein Hieronymus lächelte, als ich sie ihm vorführte. Dabei sah er nicht den Hund an, sondern

mich. Dann legte er den Arm um mich und sagte: »Schon gut! Schon gut!«
Da weinte ich.

*

Zwei Wochen später starb mein Mann.

## 18.

Ich weiß nichts mehr von den Wochen danach. Ich weiß nur, daß ich irgendwann nach Florenz zurückkehrte. Ich schloß das Gartentor auf, und in diesem Moment erst begriff ich das »Nie mehr« in seiner ganzen Heillosigkeit. Oben, am Ende der Treppe, wartete nicht mein Liebster wie tausend Male zuvor. Oben standen der Mann, der in meiner Abwesenheit das Haus bewacht hatte, und ein Hund.

Der Mann sagte: »Ben venuta a casa, Signora«, und ich sagte »grazie« und hörte, daß ich es sagte.

»Der Köter war wieder den ganzen Tag über nicht da«, fuhr der Mann fort. »Er ist ein Streuner.«

Richtig, der Hund. Ich hatte fast vergessen, daß es einen Hund gab. Wie hatten wir ihn nennen wollen? War es Fritzi? Oder Steffi? Ich wußte es nicht mehr.

Der Hund schien zu verstehen, daß über ihn gesprochen wurde. Er duckte sich, als ob er Schläge erwartete, legte die Ohren an, kniff die Augen zusammen und zog die Lefzen nach hinten.

Ich verabschiedete den Mann. Ich versorgte den Hund. Ich wusch mir die Hände. Ich packte meinen Koffer aus. Ich tat alles, was getan werden mußte.

Erst dann trat ich ins »Gehäus«. Der Duft von Pfeifentabak hing noch im Raum. Der Long John, unsere Lieblingspfeife, lag auf dem Schreibtisch. Ich nahm sie in die Hand, setzte mich in meines Mannes Sessel und legte den Kopf auf die Arme.

Endlich, endlich konnte ich weinen.

*

Ich wäre gern nicht mehr aufgewacht am nächsten Morgen, aber ich wachte auf.

Ich lag da und hörte auf die Stille, die anders war als früher, fremd und nicht gut. Meine Augen hielten sich an der Zimmerdecke fest, um nicht die Dinge im Raum anschauen zu müssen, die alle eine Geschichte zu erzählen hatten, eine Geschichte aus unserem gemeinsamen Leben. Das »Nie mehr« war wieder da und erdrückte mich fast. Es hatte alles keinen Sinn mehr. Ich spürte, wie Apathie und Verzagtheit sich auf mein Herz legten und gab dem Gefühl nach.

Plötzlich hörte ich meinen Mann, er sagte: Man läßt sich nicht gehen. Da stand ich auf.

Als ich in die Küche kam, stieg der Hund aus seinem Bettchen heraus und wedelte, und der ganze Körper wedelte mit.
»Na du?« sagte ich und klopfte ihm aufs wakkelnde Hinterteil. »Wir müssen zusammenhalten, hörst du, Mäxchen?«
Ich hatte ganz automatisch Mäxchen gesagt, und mir war, als hatte ich damit einen winzigen Zipfel verlorener Heimat gerettet. Und war eine zweite Maxi nicht überhaupt die beste Lösung? Ich hatte den Tod der ersten noch nicht der Gemeinde gemeldet, ich konnte die alte Steuermarke verwenden, ich konnte mir die Behördenlauferei ersparen. Und es gab noch Maxis schönes, rotes Halsband mit ihrem eingravierten Namen und meiner Telefonnummer. Ich holte es und legte es der neuen Maxi an.
»Du bist jetzt Maxi Nummer zwei«, sagte ich. »Hörst du? Dieser Name bedeutet einen ganz, ganz braven, lieben Hund. Also reiß dich zusammen! Frauchen tut's auch.«
Ich gab ihr eine Schale Milch, sie schlabberte sie bis auf den letzten Tropfen leer, dann stellte sie sich an die Tür. Ich ließ sie hinaus.
Zwei Minuten später war sie verschwunden. Gegen Abend läutete das Telefon.
Eine fremde Stimme fragte auf italienisch: »Haben Sie einen Hund, der Maxi heißt?«

»Ja«, sagte ich.
»Er ist hier bei mir. Ich wollte ihn wegschicken, aber er geht nicht.«
»Wo kann ich ihn holen?«
Sie beschrieb mir einen Vorort, der mir fremd war, eine Straße, die ich nicht kannte und ein Haus, das keine Hausnummer hatte, sondern an einer Zypresse erkennbar sein sollte.
Ich brauchte fünfzig Minuten, bis ich es gefunden hatte. Als ich eintrat und sie beim Namen rief, löste Maxi sich aus einem Knäuel, das aus ihr und zwei kleinen Buben bestand. Sie wedelte sofort wieder mit dem ganzen Körper und zeigte nicht die Spur eines schlechten Gewissens. »Schön, daß du auch da bist«, schien sie zu sagen. Aber als ich sie an die Leine nahm, spielte sie die gestrige Rolle: geprügelter Hund.
»Ich habe sie noch nicht lange, sie ist aus dem Tierheim«, sagte ich und hoffte, daß das irgend etwas erklärte.
Die nächsten Tage hielt ich sie an der Leine. Wir gingen durch den Garten, übten »bei Fuß« und »braver Hund« und »Maxi bleibt bei Frauchen«. Sie war lieb und eifrig und gelehrig. Nachmittags machten wir einen Spaziergang, ebenfalls mit Leine und mit Lob auf Schritt und Tritt.
Kurz vor Anbruch der Dunkelheit fiel mir ein, daß das Vogelhäuschen Futter brauchte. Ich lehnte die Haustür an und lief in den Garten. Als

ich zurückkam, stand die Tür weit offen, und Maxi war weg.
Am Abend darauf, vierundzwanzig Stunden später also, klingelte das Telefon.
»Pronto?«
»Buona sera«, sagte eine Männerstimme. »Haben Sie einen Hund, der Maxi heißt?«
Diesmal war sie in einem Landgasthaus, fünf Kilometer arnoaufwärts. Sie lag vor dem Eingang zur Küche und nagte genüßlich an einem riesigen Bistecca-Knochen. Sie schwanzelte, als sie mich erblickte, ohne von dem Knochen abzulassen.
»Maxi«, sagte ich müde, »was machst du bloß wieder!«
Sie duckte sich sofort, als stünde ihre Hinrichtung bevor.
Aus der Küche traten zwei Frauen heraus und musterten mich nicht sehr freundlich. Es war klar, der liebe, arme Hund tat ihnen leid.
Nachdem ich Maxi ins Auto verfrachtet hatte, ging ich zur Gaststube, um mich beim Wirt für den Anruf zu bedanken.
»O Signora, Sie sind das?«
Er war früher Kellner in einem Florentiner Lokal gewesen und hatte uns oft bedient. Das Gasthaus hier hatte er vor kurzem gepachtet. Er wollte wissen, wie es uns ginge, und bat mich, den Signor Giovacchino herzlich zu grüßen.

»Danke, das will ich gern tun«, sagte ich, »es wird meinen Mann freuen.«
Als wir heimkamen, Maxi und ich, ging gerade der Mond auf. Ich sah ihn verschwommen.

*

»Haben Sie einen Hund, der Maxi heißt?« Im Laufe der Wochen und Monate wurde mir dieser Satz zum Alptraum. Sobald das Telefon klingelte, fing mein Herz an zu jagen. Ich wußte im voraus, was mich erwartete.
Mit der Zeit lernte ich die ganze linke Arno-Seite kennen mit ihren Landgütern, Dörfchen, einsamen Villen, ländlichen Bars und Trattorien, mit Pfarrhäusern und Kirchen, Hühnerfarmen und Ölmühlen. Ich verfuhr mich auf kleinen Nebenstraßen, landete in Sackgassen, holperte über löchrige Feldwege, schlitterte über glitschiges Pflaster. Das Auto war entweder lehmverschmiert oder staubbedeckt, innen und außen.
Ich holte den Hund aus geparkten Autos, aus Wohnküchen und feinen Salons, aus Kramläden und Stallungen, von Kinderspielplätzen und Dorfangern.
Immer fand ich Maxi umringt von Bewunderern. Alle waren entzückt von ihr, nannten sie *dolce, carina, bella, brava,* und sie genoß es. Ich fürchtete mich jedesmal vor dem Moment, da ich ihr

die Leine anlegen mußte und sie sich im selben Augenblick vom fröhlichen Hund in den geprügelten Hund verwandelte. Dann sah ich an den plötzlich ernsten Mienen und merkte an dem Schweigen der Zuschauer, was man von mir dachte.

Ich litt.

Und ich schämte mich vor mir selber. War ich wirklich so unfähig, einen Hund zu erziehen?

War alles nur Verdienst meines Mannes gewesen?

Manchmal, selten, kam Maxi von allein nach Haus. Vergnügt und unbeschwert. »Wau, mach auf, ich bin da!« Dann heuchelte ich Begeisterung, um sie zu belohnen.

Aber es half nicht. Nichts half, kein Lob, kein Zureden, kein Ermahnen, kein Hausarrest. Weder Güte noch Liebesentzug.

Wie sollte das weitergehen? Ich war müde, ich war unglücklich, ich war verzweifelt. Und ich erschrak nicht mehr bei dem Gedanken, daß der Himmel nicht einstürzen würde, wenn Maxi nicht wiederkäme.

Dann, eines Tages, hatte ich Besuch aus Deutschland, und der Besuch wünschte sich einen Tagesausflug nach Perugia.

»Nein«, sagte ich, »Perugia an einem Tag, das geht nicht. Perugia muß man auch des Abends erleben, wenn das Licht nicht mehr gleißt und man von der Gartenterrasse vor der Präfektur über das weite Land bis nach Assisi sehen kann, wenn die untergehende Sonne den Marmor und Haustein rosa anhaucht und der Brunnen, die Fontana Maggiore, irisiert; wenn die Fremden verschwunden sind und halb Perugia auf dem Corso Vannucci promenierend hin und her wogt. Unbedingt: Wir müssen in Perugia übernachten.«

»Und der Hund?«

»Maxi? Keine Sorge, sie wird mich nicht vermissen. Ich garantiere Ihnen, sie wird sowieso nicht da sein, wenn wir losfahren.«

Aber sie war da. Sie saß auf dem Mauervorsprung, der allen unseren Hunden als Aussichtspunkt gedient hatte, und sah uns nach, als wir davonfuhren.

Natürlich bildete ich mir ein, sie habe betrübt ausgesehen ...

Perugia! Ich hatte es zuletzt an der Seite und mit den Augen meines Mannes gesehen. Ich suchte das Glücksgefühl von damals, aber ich fand es nicht wieder, obwohl alles war wie einst. Sogar der alte *padrone* der »Rosetta« wandelte immer noch in seinem *ristorante* von Tisch zu Tisch und pries seine hausgemachten Wildschweinwürstchen an.

Wir machten auch den obligaten Abstecher nach

Assisi, und dort wenigstens stellte sich ein Gefühl ein, das ich von früher kannte: Wut und Trauer über den Touristenrummel, der einem die Zwiesprache mit Giotto verdarb.
Spät am Abend des zweiten Tages kamen wir heim.
Maxi stand oben auf dem Mauervorsprung und wedelte mit dem ganzen Körper.
Ich traute meinen Augen nicht.
»Maxi!«
Sie kam die Gartentreppe heruntergesaust und warf sich mir zu Füßen, als erwarte sie das Jüngste Gericht.
»Maxi! Was ist denn los? Du brauchst doch kein schlechtes Gewissen zu haben, du bist ja der bravste Hund, den ich kenne!«
Ich beugte mich zu ihr und beruhigte und streichelte sie. Sie war so aufgeregt, daß ihr in die Luft gestrecktes Hinterbein ins Zucken geriet. Es war klar: Sie hatte sich verlassen gefühlt. Diese zwei Tage Alleinsein waren zum Schlüsselerlebnis geworden.
Das liegt nun auch schon wieder Jahre zurück. Maxi läuft nicht mehr weg. Sie ist immer da, wenn ich von der Stadt zurückkomme. Das ist sehr hilfreich. Nichts ist schwerer zu verkraften, als nicht mehr erwartet zu werden. Sie ist überhaupt der freundlichste, anhänglichste, folgsamste Hund geworden, der sich denken läßt. Ihr

Herrchen würde zufrieden sein mit mir, wenigstens in diesem Punkte.
Wir gehen täglich miteinander spazieren, und dabei zeigt sich, daß sie aus ihrem früheren Vagabundenleben Gott und die Welt kennt. Dann passiert es schon, daß öfter mal ein Auto neben uns anhält, ein Fenster heruntergekurbelt wird und ein Italiener, den ich noch nie gesehen habe, »Ciao, Maxi« sagt und sie fragt, wie es ihr gehe. Oder daß Kinder, die mir ganz unbekannt sind, ihr mit »Massi! Massi!« entgegenlaufen und sie begeistert umarmen. Oder daß eine fremde Dame uns anspricht und wissen will, warum Maxi nicht mehr zum Frühstück zu ihr käme.
Wir leben auch viel im Garten. Morgens gehen wir gemeinsam den Teich kontrollieren und die Blumen begrüßen. Sie hilft mir, den Rechen oder den Spaten zu tragen, sie liegt neben mir, wenn ich am Unkrautjäten bin, sie sagt mir Bescheid, wenn der Gasableser vor dem Tor steht oder das Telefon klingelt: Frauchen ist etwas schwerhörig geworden (in einem übertragenen Sinne war sie es wohl immer). Manchmal taucht der uralte Natalino auf zu einem kurzen Besuch, er ist steif und gichtig inzwischen und will nichts, als in der Sonne liegen.
Wenn Gäste da sind und es lebhaft zugeht wie in alten Zeiten, dann blühen Maxi und ich ein bißchen auf. Es tut uns gut, wenn wir uns zusam-

menreißen und ein Programm absolvieren müssen. Fast verjüngt es uns ein wenig. Aber meistens sind wir allein.
Des Abends leben wir zusammen im Gehäus. Wir haben die altbewährte Sitzordnung übernommen: Maxi liegt im Sessel hinter mir, und ich nehme mit der Stuhlkante vorlieb. Auch Maxi Nummer zwei ist höflich, sie fragt immer erst an, ob sie heraufspringen darf, indem sie mit der Pfote meinen Arm berührt. Inzwischen fällt ihr das Heraufspringen etwas schwerer, wir sind ja gleich alt, siebenundsiebzig!
Wir feiern auch immer noch das berühmte »letzte Stündlein«, und die Gute-Nacht-Zeremonie (»Da rauch ich so mein Piepchen und schaue auf mein Liebchen«) verläuft nach altem Ritual.
Ich frage nicht mehr, wie es weitergehen wird. Ich weiß es ja. Für Maxi, wenn sie mich überleben sollte, ist gesorgt. Das habe ich bedacht.
Und ich? Darf ich es mit Benns Worten sagen?

»Doch sehe ich ein Zeichen:
über das Schattenland
aus Fernen, aus Reichen
eine große, schöne Hand,
die wird mich nicht berühren,
das läßt der Raum nicht zu:
doch werde ich sie spüren,
und das bist du.«

Das glaube ich.
Und darum kann ich ziemlich heiter reagieren, wenn man mich nach meiner Zukunft fragt. Dann antworte ich wie einst der fünfundachtzigjährige Richard Strauß, als ein flotter Reporter sich nach seinen weiteren Lebensplänen erkundigt hatte.
Dann sage ich wie er, dessen geliebte Musik so viele Male im »Gehäus« erklungen ist: »Na, sterben halt.«